バス運転士の後ろ姿

松井 昌司

幻冬舎 MC

バス運転士の後ろ姿

まえがき

一九九九年、長野市で十年ほどお世話になった会社を退職して、実家がある〝だがや市〟に帰ってきた。職探しを続けて約二年……。二〇〇一年に「バスとタクシーはずっと募集しているけれど、タクシーは乗客と一対一だから、売上金狙いの強盗が怖いよなぁー。そうかと言って、バスは大型車だし、募集要項に〝普通免許取得から三年以上の方〟と書いてあるけれど、どうせ大型免許を持っていなければ落とすんでしょ？　ま、ここは一つ、ダメで元々、話のタネに受けてみようかな。万が一、私がバスの運転士になったら、私だって想像もしていなかったくらいだから、みんな驚くだろうなぁー」と思いながらシャレで応募したところ、トントン拍子で話は進み、内定をもらってしまったので慌てて大型二種免許を取得、特に興味もなかったバス運転士になってしまった。「まぁ、どうしても無理だったら辞めればいいんだし。とはいえ、昔から〝石の上にも三年〟と言われているくらいだから、どんなに嫌なことがあっても三年は我慢しよう」と思ってから十数年……。そんな私がブログに書いてきた日々の出来事をいくつか選んでまとめてみました。こんなテキトーなオッサンの仕事ぶりを、ちょっとだけ覗いてやって下さい。

目次

まえがき……2

乗客いろいろ

ワガママな男……12
ワガママなオバサン……14
見覚えのある顔、誰だっけ？……15
冤罪は御免！……17
お婆さん、大丈夫？……18
英会話の時間……19
遅延に対する報復……20
オッサンに言われても……21
ちょっと喋り過ぎなお婆さん……23
自責の罰金百円……24
厚紙に書かれた個人情報……25

アイスコーヒーに入れるもの……26
お喋り好きな二人……27
上を向いて話そう……30
呼び続けるオバサン……31
あの立ち姿は！……32
気になる紙屑……33
いつ来る？　もう来る！……35
上機嫌なお爺さん……37
仕切りが邪魔！……40
想像を超えた寝姿……41
歩道を駆けるお婆さん……43
同じ一区間乗車なのに大違い……45
そんなに怒っているから……47
楽しい現金払い……48
週末名物・スポーツウェア乙女軍団……49

謎のビニール袋……51
ケモノ乗るんだ……52
お姉さんに何があったのか？……53
「一日乗車券下さい」と言われた後に……54
急に現れたお姉さん……56
押しますか？　押して下さる？……57
見えとらんの？　見えとるんだけど！……59
女子高生Bさんの機転……60
鬼コーチ・松井⁉……61
ピカピカにメロメロ、ピンピンにドキドキ……63
田舎のバスみたい！……65
男のち乙女……そしてお姉さん……67
その女性の目的は……？？？……69
〝しはく〟行きますか？……71

失敗いろいろ

酒気帯び運転 74
運行時間外の回送 75
運行時間内の回送 76
貸切バスはドキドキあらあら 78
真夜中の運行中断 81
右側に小学校が…… 85
若い女性に見つめられ 86
街路樹と喧嘩した後に 87
バスを追い抜かない車 90
お願いだから笑わせないでー 92
危険な回送 95
ウォーターハザード!? 96
犬客ワン来 98
幸運の女神!? 100
パトカーに捕まる瞬間!? 102

接触事故と退職願……104
台風一過、強風の朝に……108

苦情いろいろ

真相は、その手のひらに⁉……112
車椅子の人との交流⁉……116
女性客に叱られる！……119
子供にムッとする私……120
週末の朝のイジメ路線⁉……121
ノークマークだった××ジジイ……123
数分前の敵が友に⁉……125
不親切な運転士……129
怪人・ジコチュークレーマー……131
バカ運転士と呼ばれて……136

その他いろいろ

おばさん、何のために……140

大変だったプレオープン……141
鶴の恩返しではなく……143
防衛運転に徹するため⁉……145
哀しきマスコット……147
予想外の迂回運転……149
無意味なCS研修……152
毎月一日はポイント十倍デー⁉……155
ボケ運転士は左利き⁉……156
駆け込み割増⁉……158
○○高校との位置関係……159
男の夢について語り合う……160
健康診断のちストレス面談……163
この職場で何を体験？……165
車内チェックを忘れた責任？……167
安全確認ゲーム⁉……169

ハチやチョウの舞い踊り？ …… 170
運休、待機、運行再開 …… 171
虫へんに我と書く …… 177
あとがき …… 179

乗客いろいろ

ワガママな男

あるバス停に接近中、バス停の近くに立っている数人の女性を発見した。その直後、バス停に向かって歩いている一人の男性に気が付いた。その男は、控え目な女性たちを差し置いてバス停にへばりつき、順番を無視して最初に乗ろうとしていたので、私は「このヤロー！」と思った。通常は、男が立った位置に乗車口（中扉）を合わせてバスを停めるのだが、そこはガードレールなどがなかったので、故意に二〜三メートル通過したところ、女性の一人が立っていた位置で停めて扉を開けた。が、そんな些細な抵抗も空しく、当然のように男は最初に乗ったのだった。

その後は何事もなく終点に到着した。すると、男が最初に降りようと運賃箱のある降車口（前扉）へ向かってきた。そして、千円札と整理券を運賃箱の上へ放り投げるように出し、「これ、どうすればいい？」と舐めた口調で言い放ったので、私はその男に対する〝戦闘準備〟に入った。とはいえ、知らないことは教えてあげなければならないので、とりあえず「後ろのお客様（定期券を提示するだけの女性たち）を先に通してあげて下さい」と通路を空けるように促したのだが、「なんでぇ〜⁉　俺が一番に（降車口へ）来たんだから、俺が最初に降りるの！」と言って通路に立ちふさがったまま動こうとしなかったのである。そこで避けるように手で触れたりすると、「殴った」なんて言いかねない相手だ。そうかといって、説得するのも時間の無駄だと思ったので、避けさせることは断念した。

「こんな〝他のお客様に迷惑を掛けておいて何とも思わないような人間〟は客でも何でもない。二度と乗るな！」と思った私は「さっさと両替せぇ！」と語気を強めた。すると、野郎が「なんだその言い方は！　俺は客だぞ！」と偉そうに言い放ったのである。このように、二言目には「俺は客だ」と言う人間にロクなのはいない。客だ何だと言う前に、自分の行動が〝人間として〟どうなのか考えてもらいたいものだ。男は両替してから運賃を入れ、何かブツブツ言いながら降りていった。その後、待っていた女性たちが定期券を見せながら降りていったのだが、その時、運賃箱の画面に〝十円不足〟と表示されていることに気が付いた。通常は「硬貨が詰まっていないか？」と様子を見るのだが、〝戦闘中〟だった私は迷わずマイクを車外に切り替えて「おい！　十円足んねぇぞ！　おっさん！」

と呼び止めた。すると野郎はすぐに戻ってきて「俺はおっさんじゃねぇ！　まだ十代だぞ！」と言いながら十円を入れていったのだった。まさか十代だとは思っていなかった私は絶句した。まだ車内に残っていた女性たちはクスクスと笑っていた。

ワガママなオバサン

あるバス停に一分遅れで到着した。一人のオバサンが乗車してきた。その次のバス停で数人が降り、さっき乗ったばかりのオバサン一人だけとなってしまった。すると、そのオバサンはすぐに助手席（左列の一番前）へやって来て、「今日はえらい遅れとるねぇ」と言ったのである。〝えらい〟とは〝とても、大変〟という意味なのだが、わずか一分でそこまで言われると思っていなかった私は「いやぁ、一分くらい遅れてますかね」と軽く反論したのだが、オバサンは構わず「いつもだったら、もう（オバサンの目的地に）着いとるのに！」と続けたのである。さすがにそれではバスが決められた時刻よりも早く走っていることになるので、「えっ⁉　そりゃちょっとそのバスが早過ぎますね」と、あくまでも私の方が正常に近いことを訴えた。それから数分後、そのオバサンの目的地であるバス停で停まろうとした時、「あぁ、もうちょっと先……。あの角で降ろしてくれない？」と抜かしやがった。一分程度の遅れで私に喧嘩を売っておきながら、「バス停以外の場所で降ろせ」とは見上げた根性である。当然のことながら「いや、それはできません」と、普段は優柔不断な私が迷うことなく〝大魔神のような顔〟でキッパリと断ったのだった。

見覚えのある顔、誰だっけ？

某高校から某空港まで、修学旅行の先生&生徒さんたちを乗せて走る〝ちょっとした貸切バスの仕事〟をやった時のこと。バスに乗り込む生徒さんも、見送りに出てきた生徒さんも、そこは〝元・女子高〟だけあって女性が圧倒的に多かった。そんな中に男性が立っていると嫌でも目立つのだが、その中に一人だけ、私の目を釘付けにした〝先生らしき男性〟がいたのである。私は「あっ！　この男……。知ってる！」と驚いたのだが、いつ頃どこで一緒だったのか思い出せなかった。「うーむ、誰だっけ？　高校か大学か、クラスかテニス部か、長野時代の勤務先か、その取引先か……」と、どの時代&地域を〝捜索〟すれば良いのか見当がつかなかった。もちろん、名前も出てこないので、私から声を掛けようにも掛けられず。まさか「あなた、誰ですか？　私の何なんですか？」なんて失礼なことは言えないし。結局、思い出せないまま某高校を出発した。

某空港へ向かっている道中、私はその男性のことばかり考えていたのだが、突然、頭の中をピカッと稲妻が走ったのである。ちょうどその時、背後席（右列の一番前、運転席のすぐ後ろ）に陣取っていた添乗員さんと先生が、他愛ない話を私に振ってきたので、「この自然な流れを逃す手はない！」と思った私は「見送りに出ていた人たちの中に、◎◎大学出身の先生はいませんでしたか？　どうしても名前を思い出せないんですけど、ひょっとして私の同級生じゃないかと思って……。まぁ、私は中退しちゃったんですけどね」と尋ねた。すると、先生が「あぁ、○○先生のことかもしれない。確か◎◎大学だったような……」と答えてくれたので、私はスッキリすると同時に、当時のことをさらに思い出した。同じ愛知県出身ということもあり、入学当初は一緒にゼミを受けていた。彼のアパートへ遊びに行った時には〝××系のヌード写真集〟を見せてくれたっけ。それが今は大勢の女子高生に囲まれて。まさか、生徒と結婚してたりして⁉　うん、まぁ、捕まっていないようだからいいんだけどね。

冤罪は御免！

夜八時過ぎ、バスは終点の某所に到着した。車内ミラーを見ると、一つの黒い物体が車内後方の座席でジッとしていた。「目的地がここだったらいいんだけど」と思いながら近づくと、それは女子高生だった。その頃は、まだ〝大らかな時代〟だったので、私はポンと軽く肩を叩いて「終点ですよ！」と起こしてあげた。すると、彼女はビックリしたのか悪い夢でも見ていたのか、私の顔を見たまま固まってしまったのである。その怯えたような目を見て焦った私は「大丈夫、何もしないから」と言いそうになったが、それも変な話である。すぐにもう一度「終点ですけど、いいですか？」と言った。彼女は無言のまま頷いた。続けて私は「現金ですか？　カードですか？」と言った。とにかく何でもいいから〝普通の会話〟を続けていないと不安だったからである。すると、彼女は無言のまま定期券を見せて、逃げるように降りていった。「悲鳴でも上げられたらどうしようか」と思っていた私はホッとした。「バス運転士、車内で暴行未遂⁉」なんて洒落にならないからね！

お婆さん、大丈夫？

ある朝、私鉄某駅から○○大学へ向かって発車した。通勤時間帯を過ぎた午前九時台のバスとなれば、大学生以外の乗客はほとんどいない。途中で一度も停まらずに終点まで行けることも珍しくない。その時も、道中のバス停には誰も立っていない……と思った時、あるバス停で立っているお婆さんを発見した。私は条件反射的にバスを停めて扉を開け、「お待たせいたしました」と案内したのだが、お婆さんに動きがなかった。「○○大学行きですが、よろしいですか？」と念を押しても、お婆さんはバスをジロジロ見るだけで乗ってこなかったので、「お婆さん、大丈夫かなぁ？」と心配しながらも扉を閉めた。お婆さんを置き去りにしてバスは発車。しかし、自動で流れるはずのアナウンス（次のバス停名）が流れなかったので、「あれ？　おかしいなぁ」と思いながらバス停表示器を見上げると、そこには終点の〝○○大学〟が表示されていたのである。そう、そのバスは途中で停まらない〝○○大学直行便〟だったのだ。きっと、お婆さんは「あの運転士、大丈夫かい？」と思っていたに違いない。

英会話の時間

ある日、「これは○○大学行きの直行バスだぞぉー」と自分に言い聞かせながら走っていた。途中で「ピンポーン！」と降車ブザーが鳴ったけれど、「満員だからカバンでも当たったのだろう」と思った。終点の○○大学に到着して全員が降りた後、忘れ物チェックのために運転席を立とうとした時、前扉の外から私を見ている一人の外国人男性に気が付いた。私が「ん？」と思っていると、彼は「Ｄｏ　ｙｏｕ　ｓｐｅａｋ　Ｅｎｇｌｉｓｈ？」と言った（正直なところ、最後のＥｎｇｌｉｓｈしか聞こえなかったが、多分、そうだろう）。私が「困ったなぁー。英語なんて分からないよぉ」と思いながらバスから降りると、彼は「タイヨータン」と言った。私が「太陽炭？」と繰り返すと、彼は「Ｙｅｓ」と言った。そんな地名は聞いたことないし、会社も知らないのだが、一応「カンパニー？」と尋ねると、彼は「Ｙｅｓ」と言った。

私が首を傾げていると、彼は「△△（始発地）……Ｈｅｒｅ……」と説明を始めた。「どうやら、彼の言う太陽炭は△△駅からここへ来る途中にあったようだ」と思った私は再び考え、「太陽炭、タイヨータン、ＴＡＩＹＯＴＡＮ……。ん？　Ｔ●ＹＯＴＡ!?」と呟いた。すると彼が「Ｙｅｓ！」と叫んだのである。続けて彼が「Ｗｈａｔ　ｔｉｍｅ？」と言った（多分）ので、私は「ｆの発音は、下唇を軽く噛んで」と考えながら「フィフティーン」と答えた。すると彼が「Ｆｉｆｔｅｅｎ　ｍｉｎｕｔｅｓ？」と言った（多分）ので、今度は私が「イエス、イエス！」と答え、その方面のバス乗り場へ連れて行き、路線図と時刻表を指差しながら確認したのだった。あぁー、英語は聞くだけでも緊張するなぁー。

遅延に対する報復

朝の通勤時間帯、終点・私鉄某駅まであと一歩というところで渋滞にはまり、到着が十分以上遅れてしまった時のことだった。私は「次の発車時刻が迫っているなぁ」と思いながら、次々と降りていく乗客に「ありがとうございました」と言っていた。そして最後の一人、オッサンが運賃箱の前で立ち止まり、おもむろにポケットから財布を取り出した。何枚かあるお札の中からゆっくりと一枚の千円札を取り出し、お札のシワを伸ばすように何度か引っ張ってから両替を開始した。十枚の百円玉がジャラジャラと出てくる。十枚あるかどうかしっかりと確認する。手にした二枚の百円玉を放り投げるように運賃投入口へ。案の定、一枚が投入口を外れて床に落ちた。

その間、私は「これは明らかに嫌がらせだな。きっと、私がイライラする様子を見たがっているに違いない」と思って、オッサンの動きに合わせるように、ゆっくりと駐車ブレーキを掛け、エンジンを切り、帽子を外し、手袋を取り、床に落ちた百円玉を拾うオッサンの姿を冷めた目で見ていた。そして、オッサンが降りると同時に忘れ物チェックを開始した。しかし、まだ慌てた様子を見せてはいけない。物陰からこっそり見ているかもしれないからである。その後、ゆっくりと乗り場へ着けて、案内して、出発して、駅が見えなくなってから「ブォーーーン！」とエンジン全開で走ったのだった。

オッサンに言われても……

夜九時頃、小さなバスで某市内の田舎道を走る路線の最終便でのこと。バス停で停まるたびに減ってゆく乗客。終点が住宅もまばらで灯りの少ない場所なので、途中から乗る人もほとんどいない。ましてや、終点近くのバス停から乗るなんてありえないはずだったのだが……。いた！　あと三つで終点というバス停に一人のオッサンが立っていたのである。最初は「たまたまそこに立ってるだけだろう。通過だ、通過！」と思ったけれど、「いやいや、念のため」と思い直した私はバスを停めて扉を開けた。ところが、オッサンに動きがなかったので、私は扉を閉めて発車、と思ったら、オッサンが扉の前にやって来た。再び扉を開けると、オッサンは乗ってきたのだが、かなり酔っている様子だったので、私はいつもより大きな声で「あと三つで終点ですけど、よろしいですか？　二百円になりますけど、よろしいですか？」と確認した。すると、オッサンは「どこでもいいから連れてってくれぇー」と叫んだのである。はぁ？　オッサンにそんな台詞を言われても、嬉しくも何ともないわい！　もしも、若い女性から言われたら、余計なことまで考えるんだけどなぁ……。その後、私は〝近くにラーメン屋とコンビニがある終点〟でオッサンを降ろし、さっさと営業所へ帰ったのだった。

ちょっと喋り過ぎなお婆さん

ある日の午後、私鉄某駅を発車して同じ私鉄某駅に戻ってくる某市巡回バスを担当した時のこと。発車直前の車内には二人のお婆さんがいて、アルコールのような臭いが漂っていた。そして、一人のお婆さんが「運転士さぁーん！　このバスは○○へ行くよねぇ？」と叫んだので、「えぇ、行きますよ」と答えた。その後、聞きたくもないお婆さんたちの会話が耳に。会話といっても、私を呼んだお婆さんがほとんど一方的に話しているだけで、「毎月十万円の家賃収入がある」とか「駐車場代も二万円入ってくる」とか、「年金も十万円以上ある」とか、「主人の年金が五十万円くらいある」とか、「お金には困ったことがないのよぉー」とか、「だけど体は駄目だわ。足が悪くなっちゃって」とか。私は「そんなことを大声で話していると、誰かに狙われるよぉー」と思いながら乗務を遂行。巡回コースを一周して私鉄某駅に到着した。そこで忘れ物チェックをしたところ、あのお喋りババアが座っていた席の上に、ビール五百ミリリットルの空き缶が転がっていた。裁きは閻魔大王にお任せしよう。

自責の罰金百円

終点の某駅に到着、運賃を支払いながら降りていく乗客。そんな中、動きのぎこちない男性が現金を運賃箱へ投入。と、その時！「チャリーンリンリン」と硬貨が床に落ちる音がしたので、私は「その不器用な男性の手から落ちたのだろう」と思った。実際、その男性が前扉付近で前屈みになって、硬貨を拾っているようだった。それとほぼ同時に降車を待っている列の中から「すいませーん」という女性の声が聞こえていたのだが。男性が黙ってバスから降りていくと、その声の主は「もう、信じられない」と言いながら、列の後方へ引き下がってしまった。私は、そこでようやく「落ちた硬貨は女性のものだったのか⁉」と思ったのだが、頭の中では「男性を呼び止めろ」「証拠がない」「状況からすると女性の硬貨だ」「既にタイミングを逸した感がある」などの考えがグルグル。そして、最後尾に並んでいた先ほどの女性が現金で支払おうとしたので、私は運賃投入口を左手でふさぎながら「いくら持っていかれました？」と尋ねた。すると、女性が「百円です」と答えたので、私は「それじゃあ、（運賃は百七十円だけど）七十円だけ入れていって下さい」

と言った。その後、私は自分の気付きがイマイチだったことへの反省として、不足分となった百円を財布から出して運賃箱へ投入したのだった。

厚紙に書かれた個人情報

終点の某病院に到着した時、一人の乗客が「これ、落ちてました」と忘れ物を持ってきてくれたのだが、それは〝住所・氏名・電話番号が書いてある一枚の厚紙〟だったので、私は「自分の住所などを紙に書いて持ち歩く人はいないだろうから、友人の住所などをメモしたものかもしれない。そうだとしても、これはもう用が済んだから捨てていったのだろう」と思ったけれど、「ありがとうございます」と言って受け取った。その後、某病院から某駅まで走って「次の発車までコーヒータイムだぁ」となった時に、その厚紙を改めて見たところ、それが一枚のハガキであることに気が付いた。どうやら、何かの懸賞に応募するために書かれたもので、よく見たら年齢も書いてあった。私は「このまま投函すればいいのかな?」「この応募ハガキの内容が不完全だったから投函しなかったのかな?」などと考えて、本人へ連絡することにした。

「年齢から推測すると学生か。この時間は学校へ行っているだろうから、留守番電話にメッセージを入れておこう」と思って、軽い気持ちでハガキに書いてある番号へ電話をかけたところ、「はい、もしもし」と母親らしき女性が出たので驚いた。不意打ちを食らった私は慌ててしまい、ハガキに氏名が書いてあるのだが、読み方が分からず、とりあえず「あのう、△△さんのお宅でしょうか?」と言ってみた。すると、少し間があって「……○○です」と不信感いっぱいの声で返答があった。私は「良かった、切られなくて」と思うと同時に、一刻も早く相手の不信感を取り除こうと「※※バスの松井と申しますが~(中略)~今、某駅におりますので、このまま投函してよろしいでしょうか?」と、一気に用件を伝えた。すると、電話の向こうから「はい。お手数をおかけします」という優しい声が聞こえてきたのだった。あぁ、疲れた。

アイスコーヒーに入れるもの

あるバス停で降りた男性が、手にプラスチック製のカップを持っているのが見えた。それは、コンビニで買って飲んでいたと思われるアイスコーヒーの容器だった。私は「車内で飲食どうこうという問題はさておき、普通はそうやってゴミを持って降りるよなぁ」と思った。その後、何事もなく終点に到着して、忘れ物チェックをしていたところ、ある座席の下に〝ミルクとシロップの空き容器〟が。さらに〝ストローとフタ〟までもが捨てられていたのである。つまり「あとは飲むだけ！」に必要なカップ以外がすべてそこにあった。クッソー！　そういうことだったのか！　これからは、空き容器もストローも、全部アイスコーヒーに入れて飲め！　かき混ぜる時に「カタカタ」と音がすれば、氷が入っているような気分になるし、ゴミをまとめて捨てられるでしょ！

お喋り好きな二人

夜八時頃、某住宅地で発車時刻待ちをしていた。そんな時間にそこから乗る人はほとんどおらず、その時も乗客はゼロだった。ちょうどそこへ到着したバスから、一人の女性と運転士さんが一緒にやって来た。そして、私のバスの行先表示を見ていた女性が「このバスは○○駅へ行くんですね」と言ったので、私は「はい」と答えた。すると、運転士さんが「もう運賃はもらってあるから」と言い、女性が「すいません、私がそそっかしくて。お世話になります」と言ったので、私は「なるほど、そういうことか！」と理解した。

その後、彼女が「もう、バスに乗ったのは久しぶりで。まだ、運賃が百六十円だったような」と言ったので、思わず私は「戦前の話ですか⁉」とツッコミを入れてしまった。そのせいなのか、その後、バスが発車してからも会話は続いたのだが、彼女が「（バスを乗り間違えたことについて）あー、もう恥ずかしい」と何度も言っていたので、私は「バスの運転士が道を間違えることもあるくらいですから、お客様がバスを乗り間違えてもおかしくありませんよ」と言った。

それに対して、彼女が「運転士さんにそう言ってもらえると気が楽になります。それにしても、バスの運転士さんって、こんなによく喋るんですね」と言ったので、私は「いいえ、他に一人でもお客様が乗ってこられたら黙って運転しますよ」と言った。それから間もなく、△△停で二人の乗客が待っていた。私が「△△停、停まります」と言うと、彼女は「あー、残念！」と言って静かになった。と思ったのも束の間、発車してすぐに彼女は運転席の横まで来て「◇◇停って、どの辺りになるんですか?」と質問してきたのである。私が普通に「◎◎まで行かずに、橋のすぐ手前になります」と答えると、彼女は「そうですか。じゃあ、そこの方が近いかなぁ」と言いながら席に戻った。

その次のバス停を通過したところで降車ブザーが鳴ったので、私はいつものように「ご乗車ありがとうございました。お忘れ物ございませんよう、お確かめ下さい」と言いながらバスを停め、先ほどの乗客二人を降ろして発車した。すると、彼女が「さすがですねぇ」と言ったので、私が「ブレーキの掛け方かな? ハンドルの操作かな?」と思っていると、「ちゃーんと営業口調になってましたよ。私、笑いをこらえるのに必死でした」と言ったのである。私は「そんなに違っていましたかねぇ?」と言いながら苦笑いするしかなかった。それから数分後には◇◇停に到着して、彼女は「どうもありがとうございました」と言いながら降りていった。私はいつも真面目そうな(怖そうな?)顔をして運転しているけれど、他の乗客がいない時に話しかけられるとついつい。まぁ、たまにはこんな運行があってもいいでしょ?

上を向いて話そう

朝の通勤通学時間帯、私は○○駅と△△駅を結ぶ路線を往復していた。あるバス停で一人の女子学生が待っていたので、私は前扉を開けて「△△駅行きです」と言った。彼女はカバンの中に手を入れて、ゴソゴソやりながら扉に近付いて、と思ったら、「あっ！　すいません。ちょっと待って下さい！」と言いながらバスから離れ、慌てて携帯電話で話し始めたのである。そんな彼女の発言と行動の真意を読み取れなかった私は、車外スピーカーを通して「発車しますよぉー！」と大きな声で呼び掛けたのだが、彼女は私に何の説明もせずに携帯電話で話し続けていた。

私が「もう行ってしまおう」と思って「行きますよ！　いいですかぁー！」と言った時、電話中の彼女がバス停の前にあるビル（マンション？）を見上げていたので、私は〝彼女が定期券か何かを忘れてしまったこと〟と〝そのビルに自宅があること〟を推察することができた。そこで少し迷ったけれど、「まぁいいわ！　目の前の青信号一回、キミにくれてやる！」と腹をくくった。その瞬間、ビルを見上げていた彼女の足元に「チャリンチャリィーン！」と一枚の五百円玉が降ってきて、それを拾い上げた彼女は「すいません」と言いながらバスに乗り、目の前の青信号にも間に合ったのだった。めでたしめでたし。

呼び続けるオバサン

あるバス停で停まった時、一人のお婆さんが「ありがとう」と言いながら席を立ち、中扉から降りようとしていた。その時、中扉の正面の席に座っていたオバサンが「さよならー、さよならー」と言いながら手を振ったのである。その声が、お婆さんの耳に届いているのかいないのか。お婆さんは、オバサンに背中を向けたままバスを降りてしまったのである。それでもオバサンは「おーい、おーい」と呼び続けていたので、私は扉を閉めずに待っていた。さらにオバサンが「気付かんかなぁ、おーい！」と言いながら手を振り続けていたら、ようやくお婆さんも気が付いたようで、体をクルリと百八十度回転させてオバサンの方を見たのだが、何だか様子が変。二人の間には「あら、○○さん！」「こんにちは！」というような会話もなく、ただただ沈黙沈黙沈黙。すると、オバサンが「あ、店の中の人！　どうして気付かんのかなぁ」と言ったのである。私は（多分、お婆さんも！）開いた口がふさがらなかった。どうやら、バス停の真ん前にある飲食店の中に、オバサンの知り合いがいたようなのだが、誰も〝バスの中から呼ばれる〟なんて思ってないでしょう。あ、いや、そんなオバサンだから、店の中の知り合いは〝気が付かない振り〟をしていたのかもね。

あの立ち姿は！

あるバス停に接近中、歩道の奥（車道とは反対側）に立っている一つの人影を発見した。なぜか、その人はこちらに背を向けて立っているようだった。バス停が近くなるにつれ、その姿が少しずつ鮮明になり、「あれは男性か。しかも、あの立ち姿と腕の位置……まさかの立ち小便⁉」と気が付いた。それと同時に「ただの通行人かもしれない」とも思ったのだが、オッサンはクルリと向きを変えてバス停の方へやって来る。やはり乗客であった。そして、バスに乗るなり「土日切符（土日祝などに使えるお得な一日乗車券）下さい」と言いながら、百円玉六枚を私に差し出したのである。バス停に洗面台があるわけでもなく、ましてやオッサンがおしぼりを持ち歩いているはずもなく、私は「アリガトウゴザイマス」と言いながら〝幸いにも濡れていなかった〟硬貨六枚を受け取り、「まぁ、だいたいお金なんて、いつ、どこで、誰が、どのように扱っているか分からないものだから」と自分に言い聞かせた。とはいえ、〝見たくない場面〟を目の前で見せられてしまうと……牛だって豚だって食べられないよねぇ。

気になる紙屑

終点の私鉄某駅に到着して、数人の乗客が席を立ってバラバラと降りていった。その時、通路に紙屑のようなモノが落ちるのが見えた。もしも、それがハンカチや帽子などの〝必要なモノ〟ならば、すぐに「落としましたよ！」と声を発するところだが、「落としたのか捨てたのか分からないけれど、どうせゴミだろう」と思った私は黙っていた。実際、最後に通路を歩いてきた高校生も、その紙屑が見えているはずなのに素通りしていったので、私は「やっぱりゴミだ！」と確信した。それからバスを待機場所へ移動させてホッと一息。と、そこへ一人の女子学生がやって来て「すいません、忘れ物をしちゃって」と言ったので、私は「はい、どうぞ」と言いながら前扉を開けた。

すると、彼女は〝通路に落ちている紙屑〟を拾って「ありがとうございました」と言いながら降りていったのである。私は「あれはゴミじゃなかったのか！　いや、一度は捨てたけど、良心の呵責に苛まれて戻ってきたとか？　いやいや、そんな面倒なことしないわなぁ」と思った。それにしても、あの紙屑は何だったのか？　そんなに大切なモノだったのか？　彼女がもう少し遅く来てくれれば、私が忘れ物チェックをしながら、じっくりと紙屑を見ることができたのになぁー。ひょっとすると、その紙屑には〝とんでもない極秘事項〟が書かれていて、もしも私がそれを見ていたら、彼女に命を狙われることになっていたかもしれない（アクション映画の見過ぎ！）。まぁでも、迫ってくるのが若くて綺麗な女性だったら、命の一つや二つくらいどうってことないか（あるだろ！　あぁ、アホに付ける薬はないのか）。

いつ来る？　もう来る！

終点の某住宅地までバス停三つくらいになった時、車内から「このバスはどーのこーの」「某住宅地行きだもんであーだこーだ」というお婆さん二人の会話が断片的に聞こえてきたので、私は「ひょっとして乗り間違えたのか⁉」と心配になった。しかし、その後も会話が続いていているようだったし、お婆さんAが「○○行きに乗ってなんだかんだ」と説明しているようだったので、私は「よく知っているお婆さんAが隣りに座っていて助かったぁ！」と思った。終点の一つ手前でお婆さんAが降りて、もう一人のお婆さんBは「ありがとうございます」とお礼を言っていたので、私は「○○行きが来るバス停の位置だけは教えてあげないといけないだろうな」と思った。

いよいよ次は終点となった時、お婆さんBが通路を歩いてきて「△△へ行くには、どうすればいい？」と言ったので、てっきり「解決済みだ」と思っていた私は驚いた。その後、お婆さんBは「△△って、▽▽の近くなんだけどねぇ？」とか「○○は随分と遠くない？」とか「◇◇行きのバスが△△を通ると思うんだけどねぇ」などと喋り続けていた。

私が終点でバスを停めながら「◇◇行きならば、◎◎からも出て」と言い始めたところ、お婆さんBは「そうそう、◎◎へ行くにはどうすればいい？」と言った。「おぉー、これで解決だ！」と思った私が「すぐそこのバス停に◎◎行きが来ますので」と言いながら時刻を調べている間も、お婆さんBは「すぐそこ？　どこ？　バスはいつ来るの？　待たなきゃダメ？　ねぇ、どうすればいい？」などと早口言葉のように喋り続けていた。

私は、時刻表から◎◎行きのバスが36分にあることを知り、「今、何分だ？」と時刻を確認すると35分51秒、52秒、53秒……。思わず「あっ！　もうバス来ますよ！　早く早く！」と叫んでしまった。それに対して、お婆さんBは「いや、走りたくないよ。転んで怪我したくないもんで。横断歩道を渡らなきゃいけないでしょ？」と言いながらバスを降りて歩き出した。「えっ!?　横断歩道？　◯◯行きのバス停と勘違いしている！　◎◎行きはすぐそこなのに！」と思った私は「バスを待機場所へ移動させている暇はない。それに、ここに到着するバスは、そんなに多くなかったと思う」と決めつけて、お婆さんBの後を追った。

が、私はお婆さんBを追い抜いて、まずは◎◎行きが来るバス停のベンチに座っているお婆さんCに「◎◎行きのバスはまだ来ていませんよねぇ?」と尋ねた。すると、お婆さんCは「えぇ、もうすぐ来ると思いますよ」と答えてくれたので、私はお婆さんBに説明してからバスに戻った。それから二分と経たないうちに◎◎行きのバスが来て、二人のお婆さんが乗り込むのを、私は自分のバスから眺めていた。ふぅ、それにしてもよく喋るお婆さんで、何だかこっちまでアタフタしてしまった。しかし、たまにはこういうのもいい。刺激にもなるし、ネタにもなるしね。

上機嫌なお爺さん

夜の営業所前ターミナル発・右回りは、ターミナルで大勢の帰宅客を乗せて出発して、各バス停で降ろしながら進んでいく。そして、二十分くらい走った辺りで〝右折・右折・右折・左折〟して、同じ道を逆向きに走ってターミナルへ戻ってくるのだが、〝右回り〟をした後の乗客は少ない。ある日、私はターミナル方面へ向いた後の最初のバス停で時間調整停車、「やっぱり誰も乗らないなぁー。このまま終点のターミナルまで乗客ゼロだったりして⁉」と思いながら左右のミラーを見ていたら、後方の横断歩道を渡ってくる人影を発見した。しかし、急いで来るような感じではなかったので、「単なる通行人かぁ」と思った。そこで、発車時刻までのカウントダウンを開始、10、9、8、7……と、その時！　左後方の人影が走り出したので、私は「おっと、乗るんだ！」と驚き、カウントダウンを止めた。そして、走ってきた若々しいお爺さんが「乗っていいですかぁ？」と言ったので、私は「駄目な理由は何一つないんだけど、変な質問をするなぁ」と思いながら「はい、どうぞ」と答えた。すると、お爺さんはフリーパス（六十五歳以上の〝だがや人〟は年間数千円で市バス・地下鉄などが乗り放題！）を提示してバスに乗ってくるなり「今日はハメを外しちゃいましたぁー。何をやっても、ちゃらんぽらんな私ですぅ」などと、独り言なのか私に話し掛けているのか分からない言葉を発しながら着席した。そう、上機嫌な酔っ払いだったのだ。

さらに「運転士さぁーん！　今日はぁ、昼間にテニスをやってぇ、今ぁ、そのメンバーで宴会をやってきたところでぇ、はじけちゃいましたぁー」と喋り続けていたので、「あぁ、やっぱり私に話し掛けているんだ」と分かった。しかし、バス運転士としては会話を続けない方が、が、し、か、し、私の悪い癖が出てしまい、つい「私もテニスをやってるんですよ」と〝火に油を注ぐ〟というか、〝自ら燃え盛る炎に飛び込んでしまった〟のである。すると、お爺さんから「ほぉーーー、軟式ですかぁ？　硬式ですかぁ？」というサーブが飛んできたので、私は「学生時代はずっと軟式で、今は硬式をやってます」とレシーブを返し、その後も、お爺さんが「いやいや、そうですかぁ、私も軟式と硬式をやっておりましてぇ、本職は軟式の前衛なんですけどぉ、何をやっても、ちゃらんぽらんだもんでぇ」とストロークを。私は「でも、軟式の前衛は、ちゃらんぽらんなくらいがちょうどいいんですよね」とボレーを。お爺さんも「そうそう！　いいこと言われるぅ、あんまり細かいことを気にしとったら駄目ぇ」などとラリーが続いた。

いくら乗客が少ない時間帯とはいえ、五人くらいは乗っても良さそうな路線なのに、その時は他に誰も乗らず……と思っていたら、終点の三つ手前のバス停から一人の女性が乗ってきた。それでも、お爺さんは気にせず「テニスやってぇ、山に登ってぇ、スキーに行ってぇ、もう、お金は全然ありませぇーん」と喋り続けていた。私が「まぁ、いいんじゃないですか。あの世にお金は持っていけませんからね！」と突っ込んだところで、終点の二つ手前のバス停に到着した。お爺さんは「ありがとぉー」と言いながら降りて行き、女性も微笑みながらお爺さんを見送っていた……という、実に楽しい運行であった。

仕切りが邪魔！

ある夜、三人のサラリーマンを乗せて某駅を発車、一つ目のバス停を通過、二つ目のバス停で三十秒ほどの時間調整停車をすることになった。「ここでは誰も乗らないかぁ」と思いながら、右ミラーで後続車を見ていたところ、突然、「トンッ」とバスのステップに上がる音が聞こえたので「ビクッ」としながら左を見ると、そこには一人の若い女性が立っていたのだが、近い近い近い！　そう、私の方に寄りかからんばかりの位置に立っていて、何やらブツブツと呟いていたのである。一瞬、「変なオジサンならぬ、変なお姉さん!?」と思ったのだが、「あのぉ、〇〇行きますぅ？」と言ったのを聞いて、彼女が酔っ払いであると分かった。

わずか一区間の乗車で二百十円を払うという無駄遣いを心配した私が「○○は、すぐ次ですけど」と言っている間に、彼女がICカードを「ピッ」とタッチさせてしまったので、私は思考停止した。彼女が「なんかボォーッとしてたら乗り過ごしちゃってぇ」と独りで喋っているのを軽く聞き流しながら、私は運賃箱の画面を確認、「あ、定期ですかぁ」と胸をなでおろした。それにしても、今回ほど〝お客様と運転席の間にある仕切り（金属製の扉）〟が邪魔だと思ったことはなかった！　もしも仕切りがなかったら、彼女はもっと私に近付いて、私の肩に頭をのせてスリスリ、さらに、他の乗客がいなかったら、私は彼女の肩を抱き寄せ……（はい、そこまで！　誰か警察呼んでやれー、懲戒解雇だぞ！）。

想像を超えた寝姿

終点の私鉄某駅に到着した。何人かの学生さんが「ありがとうございましたぁー」と言ってくれたので、私も車内ミラーを見ながら「ありがとうございましたぁー」と答えていたのだが、私の視界の左端に入っている〝助手席の人影〟に動く気配が感じられなかった。私は「誰か寝てしまっているのか？　それでも、私の声が聞こえていれば目を覚ますだろう」と思って、引き続きマイクを付けたまま「ありがとうございましたぁー」を繰り返していたのだが、助手席の人影はピクリとも動かなかった。最後に降りた学生さんと「ありがとうございましたぁー」と言葉を交わした後、私は「仕方がないなぁ、本気で起こすとするかぁー！」と、助手席の人影を直視したところ、それはそれは美しい学生さんであった。

が！　んがががぁー！　その〝寝姿〟は、窓ガラスを枕にして斜めに腰掛け、座席から少しずり落ちそうになり、両脚を私の方に向けて「ガバッ」と広げているという、なんともセクシー、いや、その美しい容姿からは想像もつかない体勢だったのだ。おっと、そんなことはさておき、私はオートマチック車の特性を生かし、一瞬だけブレーキペダルから足を上げ、バスが動き出すか出さないかのタイミングで、すぐに「ガツンッ！」とブレーキペダルを踏み、バスを「ガクンッ！」と揺らしながら「お客さぁーん、終点ですよぉー！」と声を掛けた。すると、学生さんは「あ、すいません」と言いながら起きたのだが、〝とりあえずコートやバッグを持って降りる！〟のではなく、あくまでもマイペースでコートを着て、複数のバッグを左右の手にバランスよく持ってから、静かに降りていったのだった。

しかし、まぁ、とにかく！　その学生さんが〝ズボン〟で良かったぁー。もしもスカートだったら、私は犯罪者になっていたかも⁉（おいおい！）　それと、すぐに起きてくれて良かったぁー。もしも眠ったままだったら、「王子様が目覚めの……」なんて勘違いして、やっぱり犯罪者になっていたかもしれないからなぁ、ハハハ。そんなアホなことを考えながら「車内チェックを」と思ったら、彼女が座っていた助手席の窓枠には〝何に使ったのか分からないけれど、赤茶色に汚れたティッシュのような紙〟が置き去りにされていた。なんにゃろぉー！　やっぱり〝目覚めの××〟をしてやれば良かったぜぃ！　なんちゃってー。

歩道を駆けるお婆さん

ある週末の朝、ある交差点の百五十メートルほど手前の歩道上を、必死こいて走っているお婆さんを発見した私は、「ひょっとして乗客なのか⁉」と気にしながらお婆さんを追い抜いて交差点を左折した。そこから百メートルほど先のバス停で停まり、数人の乗車客扱いを完了した。ちょうどその時、交差点を曲がって走ってくるお婆さんが左ミラーに映った。私が「やっぱり乗客だったのか。ならば待つしかないな」と思いながらミラーを見ていたら、お婆さんは手を振ってアピールしながら最後の力を振り絞って走り続け、あと十メートルというところで「ズデッ」と転んでしまったのである。私は「えっ⁉ だ、だ、大丈夫か？」と驚いたのだが、お婆さんはすぐに立ち上がった。

私が見たところ出血もなく、どこか痛そうにしている様子もなく、多少フラつき気味ではあったが何とかバスに乗り込み、バッグの中に手を入れてゴソゴソやりながら、お婆さんは「フォ※▲フェ□フィ×●☆◆▽……」と言ったのだった。二百メートル以上の距離を全力で走り切ったお婆さんは本当にヘトヘトだ。呼吸を整えるのに精一杯で、何を言っているのかさっぱりだったけれど、状況から考えて、「土日切符下さい」と言ったに違いなかった。いつもならば、駆け込み乗車&土日切符購入という〝遅延行為の連続攻撃〟に「ムッ」としてしまうところだが、全力を出し切ってコケてしまったお婆さんに、私は同情してしまい、さらに、それが愛情に変わって……ないない！　その女性がもう少し若かったらねぇー。ハハハ（若かったら若かったで、アホなオマエは愛情ならぬ劣情を催して、「その目線がいやらしい！」と苦情になるのがオチだろうな）。

同じ一区間乗車なのに大違い

夕方の通勤時間帯は忙しい。営業所前ターミナルから某駅へ行って、わずか三分の折り返し時間の後、営業所前ターミナルへ戻ってくるという路線を走った時のこと。某駅への到着が五分くらい遅れてしまったので、某駅を約三分遅れで発車することになった。さらに、交通量はそれほどでもなかったけれど、乗客がそれなりに多く、信号とのタイミングも悪く、気が付けば七〜八分遅れになっていた。そして、あるバス停で二人のお婆さんが待っていたので、私は「お待たせして、すいません」と言いながら前扉を開けた。すると、先に乗ってきた〝元気そうなお婆さん〟が「これは49分のバス!?」と怒鳴りながらフリーパスをタッチ、「何分遅れて」とブツブツ言いながら席に着いた。もう一人の〝足が悪そうなお婆さん〟は「お願いします」と言いながらフリーパスをタッチ、買い物カートを支えにゆっくりと通路を歩いていって席に着いた。

私は扉を閉めて発車した。すると、すぐに「ピンポーン！」と降車ブザーが鳴ったので、私は「次、停まります」と答えながら次のバス停で停まった。そこには誰もいなかったので、私は中扉だけを開けたのだが、なんと！真っ先に降りていったのは〝ついさっき怒鳴りながら乗った元気そうなお婆さん〟だった。乗車時間はわずか三十〜四十秒、距離にして約二百メートルの一区間でしかない。なるほど、だから怒っていたのか。「バスが時間通りに来ると思って待っていたら何分も遅れてきて、歩いた方が早かったじゃないの！」ってか⁉　もう一人、〝ついさっき静かに乗った足が悪そうなお婆さん〟も、そこで降りたのだが、そのお婆さんは小さな声で「ありがとね」と言いながら降り、歩いていったのである。まったく同じ一区間乗車の二人だったのに、まったく正反対の二人。果たして、皆さんはどんなお年寄りになりたいですか？　私は〝バスに頼ることなく何キロでも歩ける元気なクソジジイ〟になりたいです。にゃんちって。

そんなに怒っているから

お昼前の某港発・営業所前ターミナル行きを運転していた。信号のタイミングが悪かっただけで二分遅れ、某病院前で車椅子の人が乗車しただけでさらに二分遅れた。その次のバス停には、スーツ姿の男性が立っていた。私は「他系統バスを待っているのかもしれない」と思って、ハッキリと「営業所前ターミナル行きです」と言いながら前扉を開けた。すると、〝明らかに不機嫌そうな表情〟を見せていたスーツ男は、足で「ドスン！　ドスン！」と大きな音を立てながらバスに乗り、助手席の後ろの〝車椅子固定用具入れ〟の上に「ドン！」とカバンを置いてから助手席に座った。私は「あぁー、そうかい！　ちょうど車椅子の人が乗っていることだし、超安全運転で行くぞぉー」と心に誓って、その先の大きな交差点の右折レーンにゆっくりと進入した。

と、その時！　助手席に座ったスーツ男が慌てて通路に下り、乗車時とはまったく違う表情を見せながら「このバスはどこ行きですか⁉」と言ったのである。私は

「はぁーーーーー!? ちょっとバスが遅れたくらいでプンプンして。冷静さを欠いているからそうなるんだよ！」と思いながら「営業所前ターミナル行きですが」と静かに答えた。すると、男が「うーん、ここで降ろしてもらえません？」と言ったので、私は「お前はアホかぁー！ 左側には三車線もあって、車が並んどるだろうがぁー！」と思いながら、努めて機械的に「この交差点を右折してすぐに次のバス停がありますので」と答えた。それから間もなく次のバス停に到着すると、男はカバンを抱えて後方の交差点にある他系統バスが停まるバス停の方へ走っていったのだった。ふん！

楽しい現金払い

朝の通勤通学時間帯、あるバス停に時間通り到着した。最後に乗った女子高生が、リュックに結び付けてブラブラさせている〝定期入れと思われるモノ〟を右手で引き寄せ、運賃箱のセンサーに二度三度とタッチしたのだが無反応だった。多分、ICカードの入れ忘れである。私は「時間に余裕があるし、お嬢さん、ゆっくりやってちょー。ところで、どうするのかな？」と思いながら見ていた。すると、彼女がサッと左手を出して現金を投入したので、私は「なんで持っとるの⁉」と思った。しかし、彼女が投入したのは百円玉一枚だけ。「それじゃ足りないじゃん！」と思っていたら、彼女がリュックの中から大きな財布を取り出して、十円玉一枚を投入したのだった。それを見た私は「ありがとうござ……んなわきゃねぇだろ！　まだ百円足りないじゃん！」と思った。すると、彼女は財布をリュックの中に戻し、今度は制服の胸ポケットから百円玉一枚を取り出し、運賃箱へ投入したのだった。私は「あんたはマジシャンか！」と思いながら、次回は〝黒のハイレグ姿〟でお願いしたいとか……（こらこら！）。ついでに長い耳を付けてとか……（それじゃ、バニーガールだろ！　つまらん妄想をするな！）。

週末名物・スポーツウェア乙女軍団

週末の朝七時過ぎ、営業所内でバスの点検をした後、始業点呼のために事務所の方へ向かった。その時、営業所とバスターミナルを隔てている壁の向こうから、若き乙女たちの話し声や笑い声が聞こえてきたので、「これは多分、週末名物〝スポーツウェア乙女軍団（週末にゲリラ的団体乗車をする、お揃いのスポーツウェアに身を包んだ女子中高生）〟に違いない！　その数、推定二十～三十人。誰が乗せるのかなぁー。羨ましいなぁー」と思った。

午後一時半頃、あるバス停に七～八人の乗客がいた。しかも、先頭に四～五人のスポーツウェア乙女が立っていたので、「やっほー！　人数は少ないけれど、スポーツウェア乙女のご乗車だぁーい！」と喜んで前扉を開けたのだが、なぜか乙女は一人も動かなかった。すると、彼女たちの後方に立っていたおばさんが「あなたたち、乗らないの⁉」と言いながら、乙女たちを掻き分けて乗り、続いてオジサン、お兄さん。結局、スポーツウェア乙女を除いた三人が私のバスに乗ったのだった。

午後三時頃、あるバス停に十人くらいの乗客がいた。しかも、またもや先頭には七～八人のスポーツウェア乙女が立っていたので、「よぉーし、さっきよりも人数が多いぞぉー。倍返ししてもらうぜぇ！」と思いながら前扉を開けたのだが、乙女隊のリーダーと思われる女性が「△△駅に行きますか？」と言ったのである。ガビョーン。私は「△△駅には行かないんですよぉ」と泣きながら答えた。その後、スポーツウェア乙女を除いた四人のお婆さんが次々と乗車。乙女の人数が二倍になると思ったら、乙女の年齢が五倍になってしまいましたとさ。あーぁ。

謎のビニール袋

あるバス停で、ＩＣカードを持ったお婆さんが乗ってきたのだが、なぜか、そのＩＣカードはビニール袋に入れられていた。ごく普通の、二十センチメートル×二十センチメートルくらいの大きさで透明の、「ＩＣカード専用ケース」と言うには、ちょっと大き過ぎる袋である。そして、お婆さんが「入金お願いします。二千円」と言ったので、私は「はい、どうぞ」と答えながら運賃箱のボタンを操作した。だが、お婆さんの取り出した二枚の千円札が、これまた〝同じようなビニール袋に入れられていた〟ので驚いた。お婆さんは、まずビニール袋に入ったままのＩＣカードをセンサーの上にのせて、次にビニール袋から千円札を一枚ずつ取り出して運賃箱に挿入、特に問題なく入金＆支払いは完了した。

それにしても、あのビニール袋には、どんな意味があるのだろうか？　知人から借りたカードを汚さないようにしていた？（いかにもありそう！）　お婆さんがカードアレルギーなのか？（なんじゃそりゃ！）　しかし、同じようなビニール袋に入れられていた二枚の千円札は、手で触ってたんだよなぁ。それではビニール袋に入れている意味がない。ん？　私が勝手に〝ただのビニール袋〟だと思っているだけで、実はあれが〝カードケース&財布〟だったりして!?　なるほど、そのビニール袋をよぉーく見たら、某有名ブランドのロゴマークが入って……（ないない！）。

ケモノ乗るんだ

二〇一×年十月下旬の夜七時半頃、某駅の乗り場にバスを着けると、待っていた十数人が乗車を開始した。一人一人に「ありがとうございます」「ありがとうございます」と言っていた私は、途中で〝乗客の列の最後尾から発せられている異様な気配〟を感じ取った。その気配の発生源まで、あと三～四人となった段階で、その大きな頭が視界の端に入ってきて、私はカウントダウンを開始した。「あと三人、あと二人、あとパ、パンダ!?」と驚いた。水色のワンピースに赤い名札。そう、園児スタイルのパンダだったのだ。しかも、その頭は帽子などではなく、着ぐるみ用のデカ頭だ。一瞬、私の頭の中には「バスジャック対策として、念のため、頭を外してもらえますか？」という台詞が浮かんだけれど、言わない言わない。多分、その中身……いや、パンダは若い女性だろう。そんな野暮なこと、言えない言えない。さて、そんなパンダさんを助手席に乗せて〝普通に〟走ってしまったのだが、後になって「あぁー、仕事中だからとポーカーフェイスを決め込まないで、もっと驚いてあげれば良かったかなぁ」と悔やんだり、「まさかのドッキリ企画だったりして。テレビカメラはどこに？」などとアホなことを考えたりしてしまう私であった。

お姉さんに何があったのか？

あるバス停から乗る若い女性について、「バスが遅れて行こうものならば、キツい口調で文句を言われる」と聞いていた。だが、幸いにも、私は定刻か一分程度の遅れで済んでいたので、何か言われることはなかった。それでも、その女性はバスに乗り込むなり、バス停表示器のデジタル時計を「キッ」と睨み付け、ＩＣカードを「バチンッ」と叩き付けていた。ところが！　ある朝、これまでと同じように一分程度の遅れで行った時のことだ。お姉さんも、いつものようにバスに乗ってきたのだが、デジタル時計を「ふっ」と見上げ、ＩＣカードを「そっ」とタッチしたので、私は「お、お、おぉー！　同じ人だよなぁ？？？」と驚いた。さらに、終点の某駅に到着してからも、かつての〝突き刺すような視線〟はなく、普通に降りていったのである。うーむ、お姉さん、変わったなぁー。ひょっとして素敵な彼氏でもできたのかな？　この、この、このぉー！　ん？　待てよ。ということは、逆に、彼氏に振られた時は、ＩＣカードを持ったまま空手チョップ！　運賃箱が真っ二つにされたりして。ひぇーーーっ！（こらこら！　どんなお姉さんやねん）

「一日乗車券下さい」と言われた後に

バス車内で取引される一日乗車券に関しては、運転士が持っているカバンの中で収入と支出が一致しなければならないので、カバンの中から六百円の一日乗車券を取り出したら、乗客から受け取った六百円をカバンの中に入れなければならない。また、運賃箱の上に硬貨を並べてくれるのは、分かりやすくてありがたいのだが、一枚ずつ拾い上げなければならないので時間がかかるのである。さて、あるバス停で乗った若い女性が「一日乗車券下さい」と言った時のこと。その手に数枚の硬貨を持っているようだったので、私は「運賃箱の投入口へ放り込まれたり、運賃箱の上に置かれたりしないように」と思って、手袋を外した左手を差し出した。

するとその女性は硬貨を持っている手を私の左手の上に移動させ、そのまま「チャラチャラッ」と落とすのかと思っていたら、「万が一、私の左手から硬貨がこぼれ落ちてもいいように！」という意味なのか、硬貨を持っていない手を私の手の下に移動させた。そう、私の左手を上下から両手で挟むようにして、硬貨をチャラチャラチャラ。わずかに触れ合う二人の手と手。初めての経験に「ドキッ」とした私は妄想の世界に入り込み、危うく一日乗車券を手渡すのを忘れるところだった。まさか彼女、実は、某アイドルグループのメンバーで、ついつい握手会の癖が出ちゃったとか。あるいは、キャバクラでバイトしている学生さんで、軽く触れ合う癖が出ちゃったのかなぁー?・?・?　ま、どっちにしろ、オッサンは嬉しかったけどね。

急に現れたお姉さん

ある夜、あるバス停で一人の男性を乗せて発車しようとした、その瞬間！　私の視界の左端に、一つの人影が飛び込んできたので驚いた。それは、黒っぽい洋服に身を包んだ若い女性であった。そのバス停の周囲には灯りが少なく、ボケな私は走ってくる彼女に気が付かなかったと思われる。もちろん、すぐに停まって前扉を開けたのだが、その前に、彼女が諦めたような素振りを見せていたので、それだけで何となく「いい人だ」と思ってしまう単純ボケの私。実際、歩道の植込みを乗り越えてやって来た彼女は「すいません、ありがとうございます」とお礼を言いながら乗り、終点で降りる時にも「ありがとうございました」とお礼を言ってくれた。うーん、惚れてまうがや！（惚れっぽい奴だなぁ）

数日後、営業所で〝タイヤチェーン着脱の講習会〟に参加していた時のこと。私が指先の臭いを嗅ぎながら「あぁー、金属臭いなぁ」と言ったら、隣にいた運転士さんから「松井さん、金属が好きなんですか?」と突拍子もないことを言われたので、ついつい「うん、女性も金属製が好きだなぁー、某ＳＦ映画に出てきたような、ハハハ」と答えた私であった。ん？　ひょっとして、あのお姉さんも異次元から現れたのかもしれないなぁ。だから私は気が付かなかったのだ。うん、映画で見たような美人だったし、きっとそうに違いない。当然、そのボディーは特殊な金属製だ。よし、もしも再会できたら、その金属臭を嗅がせてもらおーっと！（アホか！　この××野郎！）

押しますか？　押して下さる？

あるバス停で一組の母子が乗った。男の子は黙って助手席に座り、お母さんは「そこに座るの？」と言いながら中扉付近の席に座った。終点が近付くに連れて乗客は減り続けていく。「次は○○停〜（以下略）」とアナウンスが流れると、すぐに「ピンポーン！」と降車ブザーが鳴った。そして、バスが赤信号で停まった時に、お母さんが男の子の横へやって来て「次で降りるからね」と言った。そこで男の子が何を言ったのか聞こえなかったけれど、お母さんは「ん？　ボタン、押したかったの？　ごめん、お母さんが押しちゃった」と謝っている。それに対する男の子の反応は分からなかったけれど、お母さんが「これは、降りる時に、こうやって押すんだけど、一回しか鳴らないのよぉ」と説明していた。

　私は、その話を聞きながら車内をチェックした。「もしも、他の乗客が点灯させたランプを消したとなると、何か問題が起こるかもしれないけれど、今回は、お母さんがボタンを押したみたいだし、消しても大丈夫だろう」と思った。そして、マイクのスイッチを切って「ボタン、押しますか？」と小声で言いながら〝解除ボタン〟を押し、点灯している降車ランプを消した。すると、お母さんは「えっ⁉　いいんですか？」と驚きながら、男の子に「ほら、押してごらん」と言ってボタンを押させた。「ピンポーン！」と降車ブザーが鳴り、私は「次、停まります」と答えた。その後、可愛らしいお母さんは「ありがとうございます」を繰り返しながら降りていった。いやぁー、お礼だけじゃなくて、お母さんから「私のも押して下さる？」なぁーんて言われるかと思ったんだけどなぁー、ハハハ（昔、そんなＣＭがあったような？？？　それはそうと〝私の〟って、私の何を押すんだよ！　この不純物満載野郎がぁー！）。

見えとらんの？　見えとるんだけど！

午後の某地区巡回バスを運転していた。乗客の大半は自宅へ帰るお年寄りである。だから、終点・某駅へ戻ってくる頃には〝乗客ゼロ〟ということも珍しくない。その時も、乗客がほとんどいなくなった状態で終点・某駅へ向かっていた。そして、あるバス停で四人のお年寄りが乗ったのだが、先頭のお婆さんが「あらやだ、貸し切りだがね」と言ったのである。私は「えっ⁉　貸し切りだって？？？　少なくとも一人は、助手席に座っているんだけどなぁー、見えとらんのか！」と思った。が、その後、私は「ん？　まさか、お年寄りたちには、〝助手席に座っている人〟が本当に見えていないのか？」と少しだけ不安になった。私の視界の左端には、助手席に座っている人の足が見えている。「うん、足があるから大丈夫！　この世のモノに違いない」と思いながらも、顔まで確認しようという気にはなれなかった。そのまま終点の一つ手前のバス停に到着した。すると、助手席の人（白髪頭のお婆さんだった！）が〝何かボソッと呟きながら〟通路に下り、静かに歩いて降りていったのだが、何を言ったのか、私には聞こえなかった。まさか、「私が見えるの？」とか、「私と一緒に逝かない？」とか……。ひぇーーー！（ただ「ありがとう」って言っただけだろ？　そうでなきゃ、オマエは今頃……）

女子高生Bさんの機転

あるバス停に到着した。そこのベンチには、一人のおじさんと女子高生Aさんが座っていたので、私は前扉を開けながら「お待たせしました、○○行きです」と言った。しかし、二人とも反応がなかったので、「他系統バスを待っているのかな？　それとも、ただの〝ひやかし〟か？」と思った。私は、乗客らしき人影が他にないことを確認、前扉を閉めて……と、その時！「ピンポーン」と降車ブザーが鳴ったので、私は「えっ⁉　このタイミングで？」と驚きながら中扉を開けた。すると、車内後方の席に座っていた女子高生Bさんが降りたので、私は「あぁー、ここでAさんと〝曖昧な待ち合わせ〟でもしていたのかな？」と思ったのだが、中扉から降りたBさんが、そのままの勢いで前扉へ向かってきたので、私は「なんだなんだどうした⁉」と不思議に思いながら再び前扉を開けた。すると、バスに乗ってICカードをタッチ、「ピィー！」というエラー音とともに〝乗務員はおたずね者〟と……いや、〝乗務員におたずね下さい〟というメッセージが出たのだが、それが定期券だったので、私は黙って取消ボタンを押した。その直後、ベンチに座っていたAさんも定期券をタッチさせて乗ったので、「あぁ、そういうことだったのか！」と理解し、Bさんの機転に感心した。それはそうとAさん、何をそんなに、目の前にバスが停まっても気が付かないほど。ひょっとして〝擬似恋愛ゲーム〟に夢中だったのかな？　いや、だったら私の顔を見て「あっ！　私の王子様！」と言ったはず（誰が王子様だって？お爺様の間違いだろ！）。

鬼コーチ・松井!?

あるバス停で三人のお婆さんを乗せて発車しようとした時、五十〜六十メートル後方の脇道から〝買い物カートを引いたおばさん〟が飛び出し&走ってくる姿が左ミラーに映ったので、私は再び前扉を開けて待つことにしたのだが、おばさんのアグレッシブなコーナリングのせいで、カートに載っていたと思われる荷物が落ちてしまったのである。すぐに私は車外スピーカーを通して「荷物、落ちましたよぉー」と、なるべく大きな声で叫んだのだが、おばさんはまっすぐこちらへ向かって走り続けていた。その代わりというわけではないのだが、車内のお婆さんたちが「えっ？」「なに？」「私？」とざわついていた。

約二十秒後、おばさんが前扉の外まで来たので、私は「荷物、落としませんでした？」と尋ねたのだが、おばさんが「私は、耳が、聞こえない」とジェスチャーで示したので、私は「そういうことかぁ」と呼び掛けに反応しなかったことに納得、すぐに「カートの上の、荷物、あっちで、落ちた」とジェスチャーで示した。すると、自分が走ってきた歩道を振り返ったおばさんは「あっ！　ホントだ」という表情を見せてから数秒間のフリーズ。そして「荷物、いいわ、放っておく、時間かかるし、バスに乗ります」という気持ちが、おばさんの表情&動作から伝わってきたので、私は「ホントに？　いいの？　取りに行った方が、いいんじゃない？　どうぞ！」とジェスチャー&目で訴えながら後方を指さした。

すると、おばさんは荷物へ向かって走り出し、青い手提げ袋を拾い上げ、再びバスに向かってダッシュ……さすがに最後は息が上がっていたようだが、ペコリと頭を下げながらバスに乗り込むと、〝待たせていた他の乗客〟に対しても頭を下げていた。めでたしめでたし……。ん？　おばさんは「荷物なんてどうでも良かったのに、運転士が〝走れ！〟と怖い顔して言うもんだから」と怒ってたりして⁉　私が〝鬼コーチ〟に見えたかもしれないってか⁉　よぉーし、そこまで言われるんだったら……おばさん！　来年のウィメンズマラソンに向けて特訓だぁ！

ピカピカにメロメロ、ピンピンにドキドキ

朝七時台の営業所前ターミナル発・某運動場行き。昼間は〝乗客ゼロ〟も珍しくない路線だが、その時間は早々に十人ほどの乗車があった。そして、途中の某駅では三人の〝ピカピカの一年生らしき制服乙女〟も乗ったのだが、その「おはようございまぁーす（×三）」という爽やかな声によってオッサン運転士はメロメロになった。と、その時！　運賃箱が「ピー！（残額不足！）」と叫び、バス通学に慣れていない乙女は慌ててバッグの中をガサゴソやり始めた。それを見た私は努めて冷静に「まだＩＣカードからは引かれていませんので」と説明を始めたのだが、乙女の耳には届かなかったようで、財布から一枚

の千円札を取り出して運賃箱へ挿入しよう（現金で支払おう）としたのである。そこで、私が千円札の挿入を制止して「入金ですか？」と尋ねると、乙女は「できるんですか？」と少し驚いたような喜んだような、そんな表情を見せたので、私は「千円札ならばできますよ」と言いながら運賃箱の入金ボタンを押した。そこで改めてＩＣカードをタッチ＆千円札を挿入してもらおうとしたのだが、なぜか拒否！　再び挿入、再び拒否！　運賃箱が千円札を受け付けなかったのだ。私が、手袋をしたままの左手でもう一度挿入、それでも拒否！　その瞬間、〝洗濯された千円札は縮んで読み取られないことがある〟という話が頭に浮かんだのだが、「でも、これは真新しいピンピンの千円札だからなぁー。おかしいなぁー。どうしよう？」とドキドキしながら挿入＆拒否を繰り返していた時、「ん？　この千円札、ちょっと違和感が」と、ボケな私はようやく気が付いた。そこで、千円札を持っている左手の指先にグッと力を込めたところ、あーら不思議！　一枚の千円札が二枚に増えたではありませんか！　そう、ピンピンの千円札が二枚重なっていたのである。「あっ！」と驚き恥じらう乙女。すぐに私は一枚を彼女へ返却、もう一枚を運賃箱へ挿入して入金完了！　そして「ピピッ」と支払い完了！　それから約十分後、某高校前で「ありがとうございましたぁー（×三）」と言いながら降りていった乙女たち。「はい、ありがとうございましたぁー」と返事をしながら再びメロメロになるオッサン運転士。あぁー、私にもあんな初々しい時期が……（なかった、なかった！　子供の頃から見た目がオッサンだったがや！）。

田舎のバスみたい！

ある日のお昼頃の出来事だった。あるバス停でお婆さんAが降り、入れ替わるようにお婆さんB＆B（双子なのか顔がソックリ！）が乗ってきた。車内通路をゆっくりと歩いて行ったB＆Bが後方の席に座るのを確認した私は「まだ（二百メートルくらい前方の）青信号に間に合いそうだ」と思ったのだが、その時、車掌席（中扉のすぐ後ろの席。お年寄りは、助手席や背後席よりも車掌席を好む傾向がある）に座っていたお婆さんCが、何やらブツブツと呟きながら通路へ出たので、「えっ!?　お婆さんもここで降りるの？」と思ったら、反対側の席へ移動しただけだった。と思ったら、席に座らずに窓の方へ手を伸ばしていたので、「あなたは何しに反対側へ？」と思いながら見ていたところ、その手には〝緑色のレジ袋〟が握られていた。緑色のレジ袋を持ったお婆さんCが通路を歩いてきて、「これ、忘れ物なんだけど。多分、あの人だと思うよ」と言いながら、二十〜三十メートル前方を歩いている〝さっき降りたばかりのお婆さんA〟を指さしたので、私は「そうですか。ありがとうございます」と言ってレジ袋を受け取り、「せっかく教えてくれたんだから、このレジ袋をお婆さんAに渡さなきゃ！」と思った。そして私は、お婆さんCの着席を確認してから発車した。お婆さんAに追い付いたところで減速し、車外スピーカーを通して「レジ袋か何か、忘れていませんかぁ？」と問い掛けながらバスを停めた。最初は「何事か？」と目をパチクリさせていたお婆さんAだったが、すぐに「あっ！　忘れた！」という表情に変わったので、私は「時間があれば持ち主かどうか（中身を）確認するところだが、貴重品でもなさそうだし、状況から考えて問題ないだろう」と思って前扉を開け、「お客さんが教えてくれました」と言いながらレジ袋を手渡した。すると、お婆さんAは車内に向かって「どうもありがとうございましたぁ」とお礼を言ってから歩いていった。なんだか田舎のバスみたいで楽しい瞬間であった。

男のち乙女……そしてお姉さん

ある始発便の折り返しを運転していた時のこと。あるバス停で乗ったスーツ姿の男性がICカードをタッチしたところ〝残額不足〟と出てしまった。すると、男性が「一万円札しかないんですけど、千円だけ入金お願いします」と言ったので、私はカバンから千円札十枚を取り出して両替&入金、「ピピッ」と支払いを完了して扉を閉めたところ、自転車に乗ってきた乙女が前扉の外で止まって何か言ったので、私は「この系統について、何か聞きたいことでもあるのだろう」と思いながら再び扉を開けた。すると、彼女が「自転車を置いてくるので、ちょっと待っててもらえますか？」と言ったので、私のボケ脳は〝予想外の展開〟にフリーズしてしまった。そんな私の返事を待つことなく、彼女はペダルを漕いで後方へ走り去った。それを見た私は「おいおい！　どこまで行くんだ？　〝ちょっと〟って、どれくらい待てばいいんだ？　まぁ……（約三百メートル前方の信号が赤に変わったことを確認して）、一分くらいが限度だろうなぁー」と思いながら、待つこと一分三十秒、彼女が「すいません」と言いながらバスに駆け込んできたのだった。

そこから二つ先のバス停に〝二分遅れ〟で到着すると、先頭に立っていた〝マスク着用の綺麗なお姉さん〟が怒ったようにICカードをタッチ、バス停表示器のデジタル時計を睨み付け、小声で「おっせぇな！」とのたまう。少なくとも私にはそう聞こえた（という か、顔にそう書いてあった！）。お姉さんは、そこから三つ先のバス停で降りるや否や後方へ走っていったので、多分、地下鉄に乗り換えたのだろうが、その時間帯は五～六分間隔で電車が来るんだから、そんなに急がなくてもいいのでは。いや、その一本が彼女にとって大違いなのかもしれないなぁー。

その後、地下鉄で二区間先の駅があるバス停で、自転車乙女とその仲間たち（別々のバス停から乗っていたようで、それまで気が付かなかった！）がお喋りしながら降りようとした時、自転車乙女が優先席から何かを拾い上げ、「これ、忘れ物みたいです。さっきは、ありがとうございました」と言いながら私にスマホを差し出したので、私は「いえいえ、ありがとうございます」と答えながら受け取り、「このスマホのデコレーション、何となく女性っぽいけど、マスクお姉さんが忘れたのか？　きっと、すぐに問い合わせがあるな」と思ったので、終点・営業所前ターミナル到着から次の発車まで時間がなかったけれど、急いで事務所へ行ってスマホを提出しておいた。

夜、そのことを乗務終了時に思い出した私が、点呼場にいた上司に聞いたところ、「あぁ、取りに来たよ！　すごい可愛い娘だったよぉー。俺が応対したかったんだけど、その直前に来た他の人の応対をしていたもんでさぁー」と悔しがっていた。ホント、それほど綺麗な女性だったのである。それはそうと、なぜ、あんなに急いで（怒って）いたのだろうか。きっと、毎朝、同じ時間の地下鉄に〝イケメン男性〟が乗っていて、お姉さんは、その男性を狙っているに違いない！　どんな作戦なのかなぁ？　まずは偶然を装って接近して、それから徐々に。えっ⁉　いきなり〝女の武器〟を使うんじゃないかって？　マジかぁー。私も弱いもんな、女の涙には。グスン（オマエが先に泣いてどうするん？）。

その女性の目的は……？？？

ある日、お昼前の某地区巡回バスでのこと。買い物から帰ってきたお婆さん、暇そうなお爺さん、仕事中の女性、眠そうな男性など、中型バスに二十人くらいの老老老老若男女を乗せて地下鉄某駅を発車した。バス停を一つ進むたびに減っていく乗客と増えていく空席。しかし、一人の女性だけは、ずっと中扉の内側に立ったまま座ろうとしなかったので、私は「相席が嫌だとかじゃなくて、お尻のイボが痛くて座れないのかな?」と思った(こらこら!)。その後もバスは順調に進み、中間地点とも言える〝地下鉄某駅の隣駅〟も過ぎたので、「逆回りの巡回バスに乗り遅れたのかな? それじゃあ、○○図書館か○○公園で降りるだろう」と思っていたのだが、私の予想に反して、その女性は降りることなく、車内がガラガラになっても中扉の内側で立ったままだったのである。

結局、その女性はグルッと一周して、約五十分前に乗った地下鉄某駅へ戻ってきたのだが、他の乗客が中扉から降りていく時も、ずっと中扉の内側に立ったままだった。「えっ⁉ 何、ナニ、なに?」と思っていたら、最後に頭を下げて降りていった。なんだよぉー! 「昔の知り合いかな?」とか、「どうしても私に文句を言いたいのかな?」とか、「ラブレターを渡そうとしているのかな?」とか、いろいろ考えながらドキドキして損しちゃったがやぁー(オマエに渡されるとしたら、不幸の手紙か引導くらいだろ! ハハハ)。

〝しはく〟行きますか？

某総合駅のバス乗り場で発車時刻になるのを待っていたところへ一組の老夫婦がやって来て、お婆さんが「すいません、〝しはく〟行きますか？」と言った。初めて聞く単語に驚いた私が「えっ⁉〝しはく〟ですか？」と聞き返すと、お婆さんは「そう、〝しはく〟です」と答える。すぐ横にいたお爺さんは、お婆さんに「いい、いい、知らんのだわ」と言った。老夫婦が時刻表を見ている間、私は「お爺さんの言い方からすると、〝しはく〟を知らないことは、とても恥ずかしいことみたいだなぁー、昔の漫画に出てきた似たような名前の脇役なら知ってるけど、〝しはく〟なんて聞いたことないもんなぁー。しはく、死白、師博。うーむ、有名な整形外科医院の名前なのか？」などと考えていた。その後、発車時刻になったので前扉を閉めたところ、お婆さんがこちらを向いて何か叫んだので、私は再び前扉を開けた。すると、お婆さんが「ねぇ、本当に行かないの？」と言ったので、私は「えぇ、〝しはく〟ですよねぇ？」と再確認した。すると、お婆さんが「そう、〝しはく〟。市立博物館なんだけど」と言ったので、私は「なんじゃそりゃー、最初からそう言えよぉー！」と心の中で叫びながら二人を乗せたのだった。

失敗いろいろ

酒気帯び運転

私が中途採用で※※バスに入社したのは二〇〇一年。配属された営業所は木造二階建の二階部分で、八畳くらいの仮眠室が二つと休憩室、それと六畳くらいの点呼場しかなかった。今でこそ、営業所での禁酒や乗務前後のアルコールチェックなどは当たり前になっているけれど、当時は、点呼場の真ん前にある休憩室で、毎晩のようにベテラン運転士さんたちが酒盛りをしていた。中には手が震えている運転士さんもいたりして、衝撃を受けた記憶がある。

そんな時代のある日、朝の乗務を終えて数時間の昼寝休憩に入った時、先輩運転士の○○さんが「別の班（その先輩や私とは休日が異なる運転士さんたちのグループ）が、近くの公園でバーベキューをやっているらしいから、ちょっと顔を出してくる」と言って出掛けていった。それから一～二時間後、私が「そろそろ仮眠しようかな」と思った時、○○さんが〝お酒の匂い〟をプンプンさせて帰ってきて、そのまま奥の仮眠室に入っていった。

私も、もう一つの仮眠室に入って寝た。

三〜四時間後、目を覚ました私が休憩室でくつろいでいたら、私鉄某駅にある事務所との直通電話が鳴った。受話器を取ると、ある上司が「○○くん、おるか？　寝てたら起こしてやってくれ」と言ったので、私は受話器を置いて奥の仮眠室へ向かった。そして、○○さんを起こそうとベッドに近付いたのだが、とんでもなく酒臭かったのである。そんな状態にもかかわらず、○○さんは寝ぼけ眼で着替え&準備を済ませると、バスに乗って私鉄某駅へ向かったのだった。その後、そのことで苦情が入ったとか、警察に通報されたとか、そんなことは一切なかった。まずは、そんな時代の話から……。

運行時間外の回送

ある路線の最終便でのこと。私は、私鉄某駅で十数人を乗せて発車、一キロメートルほど進んだ一つ目のバス停で、大きなバッグを持った一人の若い女性を乗せた。約十分後、終点・某所に到着。私は「今日はこれで乗務終了！」と思ったのだが、彼女が座ったままだったので、「まさか」と思いながら声を掛けると、案の定「このバスはＪＲ某駅まで行かないんですか？」と言ったのである。そう、彼女は〝時刻表に小さく表示された○印（但し書き）の犠牲者〟で、最終便以外はすべてＪＲ某駅まで行く路線だったのだ。

夜九時過ぎ……。まだまだ携帯電話を持っていない人が多かった時代に、タクシーも通らないような薄暗い住宅地で、たった一人の若い女性から「ＪＲ某駅まで行ってくれませんか？」なんて言われたら……。〝良くも悪くも緩かった〟時代、私は迷うことなく室内灯を消し、行先表示を回送にしてＪＲ某駅まで乗せていった。予定より三十分以上も遅れて営業所へ帰ったにもかかわらず、上司とは「ちょっと遅かったな」「ええ、ちょっと」という会話だけで済んだのだった。多分、上司は「途中で買い物でもしていたのだろう」と思ったに違いない。その頃、回送中にコンビニへ寄るのは当たり前だったからね。

運行時間内の回送

ある朝、営業所から始発地の某所へ向かっている途中、左ウインカーの点滅が速くなったことに気が付き、「これは左ウインカーのどれか（前か、後ろか、側面か）が切れたな」と思って、某所に到着してから調べたところ、最悪の〝後ろ〟であった。そこで、左ウインカーのすぐ横にあるブレーキランプの電球を使ってみようとしたけれど失敗した。さらに他の電球を試そうと思ったけれど、発車時刻が迫っていたので諦め、「仕方がない。後続車には迷惑な話だけれど、この運行一本だけ〝ごめんなさい〟だな」と思いながら、私鉄某駅へ向かって発車した。

終点・私鉄某駅まではバス停十二個で約二十分かかる。朝の通勤通学時間帯なので、ほとんどのバス停で乗客が待っていて、ほとんどの乗客が終点まで降りない。最後のバス停を通過して、信号待ち車列の最後尾で停まった時、前の車のリアガラスに私のバスの行先表示が映ったのだが、なんと！　そこには〝回送〟と出ていたのである（その頃は、〝車外の行先表示〟と〝車内のバス停表示〟が連動していなかった）。「あっちゃー、今さら修正したところで意味がないし、このまま終点まで仲間に見られなければ」と思ったのだが、それは甘かった。案の定、すぐに仲間のバスと擦れ違い、「おぉ!?」という顔をされたのだった。それはそうと、最初から最後まで、乗客の誰からも何も言われなかったのである。

優しいのか、不親切なのか、無関心なのか、寝ぼけているのか。ひょっとして私以外の運転士さんも、ちょくちょくやってるのかな？　だから乗客も「またか」と思った……ということにしておこう！

貸切バスはドキドキあらあら

「貸切バスの仕事がある」と聞いていた〝某市の中学校総合体育大会〟の三日前。事前に自分の担当する学校と目的地を地図で調べておこうと思ったのだが、上司から「まだ決まっとらん」と言われてしまった。結局、担当校と目的地を知らされたのは、大会前日の夜七時過ぎ、その日の乗務を終えて営業所へ戻った時だった。しかも、明朝の始業点呼時間は午前五時。すぐにその場で地図を開いて担当校を探し、目的地を探し、それらの周辺にある目印となる建造物などをチェックし、実際に走るルートを考え……。まだネットで検索できる時代ではなかったので、あっという間に一時間以上が経ってしまい、最終的には「もしも分からなかったら、バスに乗った先生に聞けばいい」という結論に達したのであった。

　翌日、担当中学校には私を含めて五台のバスが停まっていたので、最後尾だった私は「前のバスについて行けばいいか」と思っていたのだが、なぜか私だけが某市総合運動場行きで、他の四台は某市中央総合公園行きだったのである。不安いっぱいでドキドキの単独走行。それでも何とか「この信号を右折すれば目的地だ」という交差点までやって来た。前夜に渡された地図によれば、そこを右折して五百メートルほど先にある△△というバス停の横から駐車場へ入ることになっていたのだが、右折してすぐに〇〇というバス停と駐車場があり、そこにバスが一台だけ停まっていた。私は「△△はこの次だから、自分が行くべき駐車場とは別にここも使っているんだな」と思って、さらに先へ進んだ。ところが、△△というバス停付近には駐車場が見当たらなかったのである。

「おかしいなぁ」と不安になりながらも走り続けていくと、さらに次のバス停が現れてしまい、「やっちゃったなぁ」と不安が確信に変わったところで、私は〝最終兵器〟を使った。一番前に立っていた年配の先生に声を掛け、「駐車場の場所はご存知ですか？」と尋ねたのである。すると「あぁ、知ってるよ」と返答があったので、「すいません、どこでしょうか?」と尋ねたところ、「もう過ぎちゃったよ」との返答であった。私は「えっ!? 通過して……。それは申し訳ありません」と、マイクを付けていることも忘れて大声で叫んでしまい、車内に爆笑の渦を巻き起こしてしまった。その先生は「駐車場よりも(競技会場に)近いところで降ろしてくれるのかと思った」と言った。

さて、一度〝笑い者〟になってしまえば怖いものはない。私は「さて、どこでバックしようか」とバスが入れそうな道路を探しながら、ある交差点を右折した。そして「あぁ、あそこでバックして戻ります」と言いながら、右前方にある脇道へバックで入ろうとしたところ、最後部座席に陣取っていた先生から「この脇道をそのまま行けば、さっきの道路へ出られますよ」と言われたのである。どうやら、私が右折した交差点は新しく、以前は、その狭い脇道がバス路線だったらしい。私は「そうですか、ありがとうございます。もしも行けなくても、バックして戻ればいいだけですから」などと冗談を言いながら、狭い道を前進していったのだが……。

なんと! その道の出口がガードレールで封鎖されていたのである。それを見た年配の先生が「あれ、本当に通れないよ!」と言うと、車内には再び爆笑の渦が。笑っている場合ではない私は、後方カメラの映像を見ながら慎重にバックバックバック。そのまま走ってきた道路に出た。その時点で到着予定時刻を十分ほど過ぎていたので、私は年配の先生に「先程おっしゃった〝近いところ〟で降りられますか?」と尋ねたのだが、「車道で停まることになるから、駐車場でいいですよ」と言われた。駐車場に到着した時、私が「ご迷惑をおかけして申し訳ございませんでした」とお詫びすると、なぜか爆笑の渦が……。きっと、その生徒さんたちはリラックスして競技に臨み、良い記録を出せたに違いない!ということにしておこう、ね、お願い!

真夜中の運行中断

ある日、私が〝真夜中限定路線の最終便〟を担当した時のこと。日付が変わった午前一時三十分頃、始発地の市内中心部で発車時刻を迎えたので前扉(乗車口)を閉めようとした時、一人の男性が「ちょっと待ってー!」と叫びながら走ってきたので待つことにした。ところが、その男性がバスに乗ろうとしなかったので、「どういうことだ?」と思っていたら、「早く早く！　こっちこっち！　待っててもらってるから！」と遠くにいる人を呼ぶような言い方をしたのである。しばらくして、ネオンに照らされた歩道上に二人の女性が現れたので、すぐにバスに乗るのかと思ったら、男性が一人ずつ順番にハグしながら「今日は楽しかったー。またね」「それじゃ、気を付けてね」などと言い、女性だけがバスに乗った。その日は金曜日ということもあって超満員。運賃箱と前扉の間にも乗客がびっしり。バスの左側の安全確認をまともにできないくらいであった。

しかし、私は翌日（正確には〝その日〟と言うのかな？）が休みだったし、そんな真夜中に急いで帰らなければならない理由もないし。バス停で停まって扉を開閉するたびに、「扉を閉めます（開けます）。よろしいですか？」と声を掛けて、扉に対する注意を促すと同時に、降りそびれる人がいないように気を付けていた。少なくとも、私はそのつもりだったのだが。あるバス停でも同様に、乗降客扱いを終えてから扉開閉レバーを操作して、前扉が閉まると同時に（多分、人に押される窮屈な状態から一刻も早く抜け出すため）一人の女性がステップ（前扉内側の階段状になっている部分）の最下段に降りた。しかし、まだ扉が完全には閉まっていなかったようで、危険防止のためのセンサーが反応、二つ折りの扉が再び〝内側へ〟開いてきて、扉とステップの間に女性の足が挟まってしまったのである。

私は「大丈夫ですか？　救急車を呼びましょうか？」と声を掛けたけれど、私の声が耳に入らなかったようで返事がなかった。そこで私は車内スピーカーを通じて乗客に事情を説明して、営業所へ連絡しようとしたのだが、女性からは「大丈夫です、行って下さい！」と言われるし、他の男性客からは「大丈夫だって言ってるんだから行けよ！」と言われるし。私は少し迷ったけれど、「つい先日も同じようなことがあって、上司からキツく言われていますから（と、他人事のように説明したけれど、その数日前にも私は扉で人を挟んでいたのである）」と言って電話をかけた。そして、電話に出た上司と女性で話をしてもらい、私は〝そのまま終点まで運行を続けて、女性の名前と連絡先を聞いて帰る〟ということで話はまとまった。

私が営業所へ戻ったのは午前三時前だった。改めて上司に報告し、入社してから何度目かの報告書作成を命ぜられた。すると、上司から「朝八時に警察署へ行かなきゃいけないから、七時にはここにいてください。寝坊したら洒落にならないから、仮眠室で寝ていればいいよ」と言われた。時刻は午前四時過ぎ。「二時間半は寝られるなぁ」と思って、一度は仮眠室の布団に入ったのだが、「まさか、こんな時間まで母が起きているなんてことはないと思うが、もしも起きていたら困るなぁ……。そうかといって、電話をして逆に寝ていたら悪いし、とにかく、何も連絡せずに帰宅していないのは、いらない心配をさせることになるし」と思った私は仮眠室を出てマイカーに乗り、都市高速を使って自宅へ向かった。「もしも寝ていたら書き置きをしておけば良い」と思ったからである。が、案の定、母は起きていた。まぁ、それならそれで話が早い。私は「朝の会議に出なきゃいけないから、このまますぐに会社へ戻って寝るわ！」と言って自宅を出て、再び都市高速を使って営業所に戻った。時計の針は午前五時半を指していた。寝返りを何度か打っているうちに、起床時間の六時五十分になり、その後、予定通り警察署へ行って手続きを済ませた。

幸い、女性の怪我は大事に至らず、私の免許証にも傷は付かなかったけれど、その後、私の右脇腹・右背中・右胸など、広範囲にわたってヒリヒリするような痛みが発生した。しかし、皮膚に傷が付いているとか、赤くなっているなどの異常は見られなかった。また、その痛みが体の内部から来るようであれば病院へ行ったけれど、表面的な痛みだったので、病院へ行っても「ストレスでしょう」と言われるのがオチだと思ってそのまま放置した（その後、痛みは消滅）。こんな私でも、少しは神経があったということでしょうかね。

右側に小学校が……

あるバス停に着いた時、子供連れのお母さんが運転席の横までやってきて「この次の○○停はどの辺りですか？」と言ったので、私は前方を指さしながら「まっすぐ行ったところですよ。右側に小学校があります」と答えた。しかし、お母さんが「？？？」という感じだったので、「子供連れだから小学校で分かるだろう」と思っていた私は「えーっと」と困ってしまった。そこで、お母さんが「△△停というのはどの辺りですか？」と言ったので、私が「某園のところです」と答えると、お母さんは「某園ですか！　良かった、そこでいいです」と言って席に着いたのだった。

それから一分ほどで○○停に到着、私は右側の小学校を見て「ん？」と目を疑った。そこには〝某大手企業グラウンド〟と書いてあったからである。私は「あぁ、先日、子供たちが野球をやっているのをチラッと見て、勝手に学校のグラウンドだと思い込んでしまったのか」と一人で赤くなっていた。さらに「私が校舎だと思ったのは、某大手企業の社宅だったのか」と自分のバカさ加減に呆れたのだった。ホント、私はテキトーなオッサンだなぁ。

若い女性に見つめられ

ある日のお昼頃、ＪＲ某駅前ロータリーの待機場所にバスを停めて、私は中扉付近の長椅子に座り、壁面にもたれ、大きな窓ガラスの外をボォーッと眺めていた。すると、歩道にいた若い女性が、まっすぐこちらへ向かって来たのである。私は「たまたまロータリーを横切ろうとしているだけなのかな？　それともバスについて何か聞きたいことがあるのかな？」と思いながら彼女を見ていた。すると、彼女はジッとこちらを見つめたまま、何やら嬉しそうな恥ずかしそうな、そんな表情を浮かべながら、とうとう窓ガラスのすぐ外までやって来たのである。私は「まさかの知り合い？　以前、お見合いパーティーで一緒だったとか⁉」などと考えながら軽く会釈をした。が、が、が！　彼女は前髪をチョイチョイッといじっただけで行ってしまった。そう、UVカットのフィルムが貼ってある窓ガラスを、鏡の代わりに使っただけ。そして、たまたまその視線の先に〝よく勘違いするオッサン〟がいただけのことであった。

街路樹と喧嘩した後に

雨が降っていた日曜日の朝、あるバス停を発車すると同時に「バキャーン！」というものすごい音がした。何事かと思って音がした方を見ると、左ミラーが根こそぎ〝御臨終〟となっていた。私はすぐにバスを停め、六人の乗客に説明と謝罪をしてから営業所へ電話をかけ、「申し訳ございません。バスを街路樹にぶつけて、ミラーを壊してしまいました」と報告した。その後、バスを降りて〝ミラーの相手〟を見にいくと、街路樹の皮がザックリと削られていた。原因は、単純に〝私の確認不足〟である。外は激しい強風雨だったので、私はすぐにバスへ戻り、再び「お急ぎのところ、本当に申し訳ございません」と謝罪した。乗客は女性四人と子供二人、女性たちの口からは「大変だねぇ」「木に当たったたの?」という言葉だけが発せられ、怒りの〝イの字〟も感じられなかった。

居ても立ってもいられなかった私は「代行のバスよりも、後発(三十分後)のバスが先に来るかもしれない」と思って再びバスを降り、ミラーの破片などを拾い集めながらバスの到着を待っていた。そこへ、一人の女性がバスを降りてきて「十時半に行かなきゃならないところがあって」と言ったので、私は「本当に申し訳ございません」と頭を下げた。するとその女性は私に傘を差し掛けながら「いえいえ、それにしても大変だったわねぇ。罰金とか何かあるの?」と、自分のことよりも私の心配をしてくれた。私は「もっと責められなければいけないのに、こんなに優しい言葉を掛けてもらっていいのか⁉」と思って泣きそうになった。その女性と一緒にタクシーを探していると、さらに別の女性もバスを降りてきたので、私は「本当に申し訳ございません」と謝罪した。すると、その女性も「こういうことはあるものだから。それよりも、もうすぐ次のバスが来るでしょ? だから、バス停で待っていた方がいいかと思って」と言っただけで、まったく責められなかった。私は自分の気持ちの置き場所が分からなくなってしまった。

その後、二人の上司が〝交換用ミラー（鏡面部分）〟を持ってきたのだが、その内の一人が「こりゃいかん、ステイ（鏡面部分を支える棒状の部分）まで壊れとる。整備士に来てもらわんと駄目だ」と言ってから、私に対して「オマエの言い方が悪い（言葉が足りない、正確な報告をしていない）」と言ったのである。つまり、私が〝ミラーだけではなく、ステイまで壊れている〟と言わなかったせいで、「ミラーだけを持ってくれば済むと思ったのに、二度手間になってしまった」と言うのである。確かにそうかもしれないが、私は、そんな時に冷静になれるほど神経が太くないのだ。私が言うのも何だけど、電話を受けた上司が冷静に聞き取りをするべきではないのか。

さらに、その上司は「ステイのことを言わずにミラーだけを壊したように報告したのは、自分の罪を少しでも軽くしようという心理が働いていたからだ」と言ったのである。さすがの私も「カチン！」ときて「いや、それはありません。ここへ来ればすぐに分かることじゃないですか」と言ったのだが。その上司に「いや違う。自分ではそう思っていないようでも、心の奥底ではそういうことを考えているんだ。オマエはそういうセコイことを考えている人間なんだよ！」と決め付けられたので、私は「ここにもこんなのがいたのか。

もう、いいや。何を言っても無駄だから」と思って、その後は「はい」「はぁ」と心のない返事だけを続けた。

その数カ月後、私は三度目の転勤となり、その上司とは会わなくなってしまったのだが、ある日、「その上司が、特に用事もないのに〝勝手な早朝出勤〟を続け、その〝手当て〟を自分に付け続けていたという不正が発覚、他の営業所へ転勤させられた」という話を聞いた。あぁー、残念！　そいつに向かって「オマエはそういう人間なんだよ！」と言ってやりたかったなぁー。ハハハ。それはそうと、運転士が似たようなこと（着服など）をやると、半ば強制的に退職させられるのに、なぜ、上司の場合は転勤だけで済まされるのか不思議だ。「そういう会社に魅力を感じる！」と思った人は、ぜひ一度、入社してみて下さい！　なんちゃって。

バスを追い抜かない車

夜十一時過ぎ、某駅から某住宅地へ向かっている途中のことだった。あるバス停で降車扱いを終えて、「他に車もいないし、マイペースでのんびり行こうかな」と思って右ミラーを見たら、なんと〝対向車も来ていないのにジッとバスの後ろで待っている車〟のヘッドライトが映っていたので驚いた。そのヘッドライトとは少し距離があったので、「多分、もう一台、バスとの間に〝不慣れなドライバーの車〟がいて、一気に二台を追い抜こうかどうしようか迷ったに違いない」と思い、「お待たせしてごめんね！」とハザードランプを点滅させながらブォーンと加速、「でも社内規則で時速四十九キロまでしか出せないんだよね」と思いながら走っていた。

次のバス停で停まると、今度は後続の二台がサァーッと追い抜いていったのだが、なんと！　一台目は〝赤色灯を消しているパトカー〟だったのである。私は「なるほどぉ、だから二台目は大人しく待っていたのかぁ」と理解したのだが、その翌日、同じ路線を走っていて気が付いた。昨夜、私がパトカーに追走された区間は〝四十キロ制限〟の道路だったのである。えっ⁉　そんな九キロオーバーじゃ捕まらないって？　いやいや、分かりませんよ。長野時代、勤務先の女性社員が〝八キロオーバー〟で捕まったことがあるからね。マジで。

お願いだから笑わせないでー

私が初めて上の前歯を失ったのは十数年前だった。長野で働いていた頃になる。普通に虫歯になって、普通に治療して。その後、普通に悪化して、「もう限界」と言われた結果、差し歯になったと記憶している。それから数年後、私は〝だがや市〟へ帰ってきた。ある日、差し歯が取れてしまったのだが、「歯医者へ行くの面倒くさいなぁー。そうだ、取れただけなんだから、瞬間接着剤で付ければいいんだ」と思った。その方法は、一瞬だけ接着剤の味がするだけで、何も問題なかった。しかし、何カ月か経つとポロッと取れてしまうので、そのたびに瞬間接着剤で付けて、取れては付け、取れては付けを繰り返し、「もうダメだ」と思って歯医者さんでしっかりと付けてもらった。だけど、三年くらい経ったある日、〝やや硬めの柿〟を食べていた時に違和感を覚え、〝買ってから三日目の硬いたい焼き〟にトドメを刺されたのである。

さて、いつもの歯医者さんへ行って「今回もチョチョイと接着して終わりだろう」と思っていたのだが、「もう限界ですね。ブリッジにしましょう」と言われてしまった。予定外の麻酔、削り、型取りと続き、「来週に土台を入れるまで、これまでの差し歯を仮に入れておきますが、あくまでも仮なので、簡単に取れてしまいます。前歯では何も噛まないように注意してください」と言われた。その後、食事の時には食べ物を小さくちぎって口の中へポイッと放り込み、奥歯だけで食べ物をカミカミしていた。しかし、顎を動かすことに変わりはなく、そのたびに、噛み合わせが悪くなっていた差し歯に下の前歯が当たり……。翌日にはポロッと取れてしまったのである。私は「とりあえず接着剤で」と思ったが、「いや、数日後には治療の続きをやるんだし、仮の前歯のために、神経を使って食事をするのも苦痛だし、ま、今週中は〝前歯なし〟でもいいか！　そんなに口を大きく開ける仕事じゃないんだし」と思い直した。

その翌日から、普通に出勤して普通に乗務していたのだが、職場仲間と談笑している時に「松井さん、前歯どうしたの？」と言われてしまったのである。口を大きく開けずに喋っているだけならばいいけれど、ついつい笑ったりすると、なくなった前歯が見えて、いや、ないから見えないんだけど、とにかくバレてしまうようだった。その後は、それまで以上に〝口の開き方〟を意識するようになってしまった。そして「なるべく口を開けないように喋らなければ。ん？　口を開けずに？　そうか、腹話術師のように喋ればいいのか！」と気付いたのだが、腹話術でよくある甲高い声を出すわけにもいかず、プロのようにさまざまな声を出せればいいのだけれど、そもそも練習もしていないのにできるはずもなかった。とりあえず〝気分だけは腹話術師〟で運転＆案内を続けていた。

某総合駅の乗り場で発車時刻になるのを待っていた時のこと。一人のお爺さんがやってきて、「すんません、このバス、某総合駅行く？」と言ったので、私は口を閉じたまま「？？？」という顔をした。すると、お爺さんが「あ、ここが某総合駅だがねぇー。わし、ボケとるな。ハハハ」と笑いながら乗ってきたので、ついつい私も釣られて笑ってしまい、お爺さんの視線は私の〝ない前歯〟に注がれたのだった。あぁ、笑う顔には穴がある。穴があったら入りたい。話は一時の恥、歯なしは一生の恥。バスの恥を書き過ぎ。あぁ、何を言ってるんだか、さっぱりワカメらーめん。

危険な回送

朝、営業所からあちらこちらの始発地点へ回送で出ていき、夜、あちらこちらの終着地点から営業所へ回送で帰ってくる。それらの回送ルートはさまざまで、ウチの担当路線ではない道路を走る場合もあれば、最初から最後までウチの担当路線を走る場合もある。そこで、ボケな私には問題が生じる。昼夜を問わず、営業路線としても回送ルートとしても走る機会が多い道路では、一瞬、自分が〝営業中〟なのか〝回送中〟なのか忘れてしまうことがあるのだ。それでも、まだ回送中に「営業中だったたっけ⁉」と思うのはいいけれど、逆に、営業中なのに「回送だぁー！　一曲、歌っちゃおうかなぁ」なんて思うのはマズイのである。

人の乗り降りが頻繁にあれば、そんなことはないのだが、人の乗り降りがほとんどない路線もあるので、その場合はバス停通過、バス停通過、バス停ｚｚｚ……（こら、起きろ！）。ま、さすがに熟睡することはないけれど（当たり前じゃ！）、バス停通過の瞬間に

「ゲゲッ！」と〝目覚める〟ことはある。バス停の位置を体が覚えているのか、視界の左端でバス停を認知するのか分からないけれど、ホント、〝通過の瞬間〟に我に返るのだ。その時は、反射的に乗客の有無を確認すると同時に、ブレーキをちょっとだけ踏んで減速しながら周囲も確認する。まぁ、幸いなことに、それで「乗客がいた！」ということは、なかったような……。ん？　オマエが確認したのはバス停じゃなくて〝消火栓の標識〟じゃないかって？　ハハハ、そんなアホな。でも、ありそう（こらこら！）。

ウォーターハザード⁉

夕方、終点の私鉄某駅に到着した。次の発車まで十五分くらいあったので、私はバスを待機場所へ移動させ、横向きの長椅子に座って通路に足を伸ばした。その時、クシャミが出そうになったので、左手を口の前に持ってきて「ハクション！」とやった。それから、何気なく座席に手を置いた時、左手が〝水分〟を感知したので、私は「ありゃ？　クシャミした時に鼻水が出たのか⁉　まさか座席を汚してないだろうなぁ」と不安を感じつつ、改めて左隣りの座席を触ってみた。すると、やはり座席にも水分が。一瞬「しまった！」

と思ったけれど、すぐに「おや？」と思った。私の鼻水にしては、水分量が多く感じられたからである。よく見ると、その水分は〝座席のほぼ中央〟にあり〝長さ十二〜十三センチメートルの楕円形〟に広がっていた。

「ひょっとしてこれは……」と思った私は、確認のために左手の臭いを嗅いでみたのだが、その水分は無色かつ無臭だった。「その水分が何であれ、とりあえず座席を使えるようにしなければ！」ということで、カバンからポケットティッシュを取り出した。そして、座席にグッとティッシュを押し付けると、しっかりと水分を吸収した。〝謎の水分〟を手で感じながら作業をするのは嫌だったけれど、すでに二度三度と触った後だったので、「どうでもいいや！」と思いながら復旧作業に精を出した。それをポケットティッシュ一個がなくなるまで繰り返し、私がグッと体重をかけてもティッシュが濡れない程度まで水分を取り除くことができた。作業終了後、トイレで手を洗ってから運転席に戻った。それにしても、あの水分は何だったのだろうか？　やっぱりあれは……。えっ!?　そんなに気になるんだったら、嗅覚だけじゃなくて〝味覚〟も使えば分かっただろうって!?　なるほど、次回はそう……。するわけないじゃん！

犬客ワン来

昼十二時半頃、十人ほどのお年寄りを乗せて走っていた。あるバス停に接近していくと、一人のお爺さんが立っていたのだが、その横には一匹の中型犬が座っていた。私は「飼い犬がお爺さんの見送りに来たのかな？」と思ったものの、リード（チェーン）は付いていなかった。私がバスを停めて前扉を開けると、お爺さんはICカードをピッとやって乗り、犬はそのまま……と思っていたのに、乗ってきてしまったのである。私は「すいません、お客さんの飼い犬ですか？　違いますか？」と声を掛けたのだが、お爺さんは〝カードによる精算がうまくいかなかったのか？〟と思ったようで、すぐに話が通じなかった。その間に〝無賃乗車犬〟は車内後方へ行ってしまった。

私は「あの犬は、お爺さんの飼い犬ではないんですね」と確認してから、「バスの運転士をやっていて、まさか苦手な犬と戦うことになるとは思わなかったなぁ。しかしまぁ、これも仕事だから仕方がない！」と意を決して駐車ブレーキを掛け、中扉を開け、シートベルトを外し……と思ったら、犬と一緒に乗ったお爺さんが犬を追い出しにかかったので、私は「あ、いやぁ、せっかくの〝ご厚意〟に甘えなくては。それに、犬が車外へ出たら扉を閉めなきゃいけないし」と思って、運転席から車内ミラーを通して戦況を見守ることにした。しばらくして、お爺さんが中扉から犬を追い出してくれたので、私は中扉を閉め……と思うと、犬が飛び乗ってきて、お爺さんが追い出しては、また犬が飛び乗り……私はなかなか扉を閉めることができなかった。下手なタイミングで閉めると、扉がお爺さんに当たって〝扉挟撃事故〟になってしまうからである（お爺さんの体勢によっては、センサーが感知できずに扉が閉まる場合があるのだ）。

一分くらい経っただろうか、追い出された犬の動きが止まったので、私はお爺さんの立っている位置を見ながら中扉を閉めて、「どうもありがとうございました」と言って一件落着のはずだったのだが、乗車を諦めたと思っていた犬がササササッと走り出したのである。私が「あっ！　バカバカバカバカ」と慌てて扉開閉レバーを操作したけれど間に合わず、犬は〝開けっ放しになっていた前扉〟から飛び乗ってきたのだった。ホント、バカな私（コントやってんじゃねぇよ！）。その時、乗客の中のお婆さんの笑い声が聞こえてきた。

リベンジに燃える犬は「今度は降りないぞ！」とばかりに床に伏せ、お爺さんたちを威嚇するように「ウゥー」と歯を見せていた。すると、別のお爺さんが助太刀にやって来て、二人がかりで犬を持ち上げバスの外へ運び出した。犬は再び乗り込もうと必死だったが、二人のお爺さんが繰り出すキックによって阻まれていた。そして、またもや一分ほどで犬の動きが止まったので、私は再びお爺さんたちの位置を確認して中扉を閉めて「すいません、どうもありがとうございました」と言ってから発車した。さすがにボケな私でも、二度目は前扉を閉めておいた。そして、次のバス停では「（いつも遅れないのに）なんで遅れてくるの？」と言いたそうな顔をした女性が待っていた。ハハハ。アァ……（その遅延の半分はオマエの責任だな！）。

幸運の女神!?

朝、某総合駅の待機場所で発車の順番待ちをしていた時、八番乗り場に車椅子の男性がいることに気が付いた。私は「あぁ、ひょっとして、先日、私が八番乗り場でお爺さんの車椅子を固定して運転席に戻ったら、いつの間にか前扉のところに来ていて〝○○停まで〟と言った人かもしれない」と思った。しかし、その日の私は七番乗り場から出る路線を走ることになっていたので、「今回は誰のバスに乗るのかなぁ？」と思っていたのだが、その車椅子の男性は、いつの間にか七番乗り場に移動していて、結局、私のバスに乗ることになったのである。バスはまあまあ順調に進み、三分ほどの遅れで○○停に到着した。

そこで車椅子の男性の降車扱いをして、「ありがとうございました」と言いながら見送った後、車椅子乗降用スロープを片付けていた時、突然「△△停、行きますか？」という若い女性の声が聞こえたので、私は「はい、行きますよ」と答えながら作業を続けた。その後、運転席に戻ってエンジンをかけて発車、それと同時に右へ車線変更、さらに右折レーンへと移動した。その時、私は〝△△停〟と言った彼女のことを思い浮かべながら、「はいはい、△△停へ行きますよぉー。ん？　△△停⁉　ゲゲーーーーッ！」と驚き、慌てて左ミラーを確認、右折レーンから戻り、そのまま交差点を直進、すぐに左へ車線変更、「ご乗車ありがとうございました。◇◇停です。お忘れ物ございませんよう、お確かめ下さい」と何事もなかったかのように案内をしながらバス停で停まったのだが……。多分、バレバレだ。

実は、以前、私が車椅子の男性を乗せたのが八番乗り場から出るバスで、その交差点を右折したのだが、その日は七番乗り場から出るバスだったので、その交差点を直進しなければいけなかったのだ。しかし、車椅子の男性の印象が強く残っていて、降車扱い中に頭の中が「八番乗り場からの、ここを右折！」に変わっていて、女性から「△△停」と言われた時に「はい」と答えたものの、なぜか「右折」はリセットされなかったのである。いやぁー、それにしても、あの時、彼女のことを思い出していなければ。いや、彼女が「△△停、行きますか?」と言ってくれていなければ。その後の私は、〝危険な上司〟からブーブーギャーギャー言われ、反省文を書き、ドヨォーンとしていただろう。あぁ、私の幸運の女神はどこへ……（とか言いながら、どうせ顔も覚えていないんだろう？　この恩知らず！）。

パトカーに捕まる瞬間!?

ある夜、ある大きな交差点を左折しようとした時、すぐ後ろから一台のパトカーが赤色灯を点けずに追走してきていることに気が付いた。私は「この先の信号待ちで、信号無視の車でも捕まえるつもりなのかなぁ？　おっと、それよりも、私がここで左折する時に〝横断歩行者等妨害等〟で捕まらないようにしなければ！」と思い、「接近してくる自転車はいないか、歩行者はいないか」と、いつも以上に気を付けて、私は無事に左折、背後のパトカーも左折。私は地下鉄某駅のバスターミナルへ入るために右折レーンへ、背後のパトカーは直進レーンではなく、なぜか同じく右折レーンに入ってきたので、私は「なんで？　そんなところにいたら、違反車両を捕まえられないよ！」と思った。

しばらくして信号が青に変わり、昼間と違って交通量が少なく、すぐに対向車が途切れる。私は「まさか、周囲の確認がしにくく、急に自転車が現れそうなここで、私の〝横断歩行者等妨害等〟を狙っているのか？」と思いながら、慎重に右折を開始した。と、その直後！　突然、パトカーが「●※◆◎▲……」と何か叫びながら赤色灯を回したのである。ほぼ右折を完了していた私は、反射的に右ミラーを見ながら「ゲゲッ！　まさか、自転車でも来ていたのか⁉」と一瞬の呼吸停止。しかし、パトカーが〝Uターン禁止の交差点〟をUターンして行くのが見えたのでホッとした。それにしても、あのパトカー……ターミナルに用事があったとは思えない。最初から〝ただ単にUターンするつもりで〟右折レーンに入り、「緊急事態発生でぇーす！」みたいな顔をしてUターンしていったんじゃないだろうなぁー！

接触事故と退職願

ある朝の通勤通学時間帯、歩道を走っている男子生徒の自転車と抜きつ抜かれつを繰り返しながら、あるバス停に接近した。運行支援システムが「ピンポンピンポーン！　奥のバス停に着停です」と教えてくれたので、これまでに何度か〝手前のバス停と奥のバス停を間違えそうになったことがある〟私は、しっかりと画面を見て「奥だな、奥！」と確認した。次に、降車ランプを見て降車客の有無を確認する。続いて、前方のバス停を見て乗車客の有無を確認。と、その時！　すっかりその存在を忘れていた自転車が歩道から車道へ！　バスの目の前に飛び出してきたのである。「うわっ！」とブレーキを踏みながらわずかにハンドルを右へ切る私。「ガシャ！」という異音が響く。一瞬、バランスを崩したけれど転倒せず、後ろを振り向くことなく走り去る自転車。頭の中が真っ白になってしまった私は、条件反射のように奥のバス停で停まって扉を開けたのだった。

すぐに私はカバンからスマホを取り出し、「すいません、営業所へ連絡をさせていただきます」と乗客に断ってから電話をしようとするが、慣れないスマホの操作に手間取る。まずはこれを押して、よく分からんスマホ。あ、違う違う、最初に戻るスマホ。これでいいんだっけ、迷わせるスマホ。悪戦苦闘の末、私は通話を開始した。その時、乗客の男性が「なんなんだ！　あの自転車は！　ちょっと、俺、捕まえてきたるわ！　発車せんといてよ！」と言って走っていった。が、逃げられてしまったようだった。私が電話口の上司に状況を説明すると、「運行を続けて下さい」と言われたので、ホッとしながら運行を再開した。しかし、その一往復を走っただけで乗務終了となった。警察署へ行って事情聴取を受け（バンパー左前部分に、水平な一本の傷があり、そこに自転車のペダルが当たったと思われる）、営業所に戻って提出書類の作成となってしまった。

その後、上司二人と今回の事故について話し合いをして、「明日は、先輩運転士と一緒に乗務して」ということでまとまった。ところが、別の上司も加わって四人で話し合いをしていた時のことだ。私の「自信がない」発言から一転、〝後から加わったパワハラ上司〟が「そんなこと言われたら乗務させられん！」と怒り出し、「辞めるか、続けるか」という雰囲気になってしまい、言葉が出てこなくなった私は「明日一日、考えさせて下さい」と言うのが精一杯であった。帰宅後、知人に電話をかけて相談したところ、「今は冷静さを欠いているようだから、今日の明日で結論を出すのは難しいだろう。もう一週間くらい休みをもらって、三～四日後に結論を出すというのはどうだろう？」と言われた。

翌日の午後、しっかりとした結論が出ないまま営業所へ電話をして、電話に出た上司に「しばらく休みをもらって結論を延ばしたりして、これ以上、皆さんにご迷惑をお掛けしたくないので、辞めさせていただきたい」と伝えた。その翌日に〝その上の上司〟と会うため、営業所へ行くことになった私は「えっと、退職願は一カ月前に提出だったっけ。そうなると、実際の退職日はともかく、退職希望日は一カ月後の日付にしておけばいいのだろうか？　ま、そこは空けておいて、その場で書けばいいか」と思った。

その後、知人へ電話をかけて、「すいません、やっぱり何も言えませんでした。一週間も休ませてくれとは言えませんでした。迷ったまま電話をかけて、〝辞めます〟と言ってしまいました」と報告した。すると、「そうか。まぁ、それはそれで分かるよ、うん、仕方がない。まぁ、これを人生の夏休みだと思って、旅へ出るのもいいし。そんなに遠くへ行かなくても、近場の見慣れた風景でも、これまでと違って見えるかもしれないしな」と言ってくれた。その電話の後、しばらくして、ある運転士さんから電話がかかってきて、「上司たちは誰一人として〝辞めてもらいたい〟なんて思っていないんだからね。〝運転に自信がない〟なんて言ったら、そんなの、ほとんどの運転士がそうだよ。今回の事故映像を見たけど、俺だって誰だって避けられんって！　こんなことで辞めるなんてもったいないよ。他にやりたいことが見つかって、もう行き先が決まっているっていうなら、話は別だけど。まぁ、明日の上司との面談には、心を無にして行って下さい」と言ってくれた。

そして面談の朝、目が覚めた時点で私の気持ちは〝ハーフハーフ〟に、いや、六対四か七対三、さらにブログを開いてみて、いつも以上のコメント数に驚くと同時に、気持ちは九対一まで「頑張ります」に傾いた。さて、約束の時間の五～六分前に営業所の事務所へ行き、応接コーナーで二人の上司との面談が始まった。そこで私は、電話で「辞めます」

と言ってからの出来事や正直な気持ちを話し、「それじゃあ、頑張って下さい」ということになった。面談が終わり、応接コーナーから出たところで、他の上司が「松井さん、頑張って！」と声を掛けてくれた。さらに、事務所にいた多くの上司がニヤニヤ……いや、ヘラヘラ……いや、ニコニコしながら私の顔を見ていたので、私はどうしていいのか分からず、ただ「お騒がせして、すいませんでした」と声を絞り出すのが精一杯であった。一応、持っていったカバンの中には、前夜のうちに書いておいた〝退職願〟を入れてあったのだが、提出することはなかった。「ま、でも、退職希望日は空けてあるんだから、またいつでも使えるな」と思った（おいおい！）。

台風一過、強風の朝に

晩秋の台風が通り過ぎた翌朝のことだった。私は回送で地下鉄某駅へ向かっていたのだが、その日の朝に出されたと思われる〝ゴミ袋〟が路上のあちらこちらに転がっていたり、ベランダに干してあったと思われる〝開いた状態のちょっと高そうな傘〟が飛ばされてきたりしていた。それらを避けながらバスを走らせていた私は、宇宙船のゲームで〝小惑星帯〟に入った気分であった。そんな中で一つのゴミ袋を「避けきれない！」という場面に遭遇した時、「タイヤで踏むよりも良いだろう」と考え、ゴミ袋を跨ぐように走ったのだが、「後続車はビックリしたかもしれないなぁ。突然、バスが〝ゴミ袋を産み落とした〟のだから。ごめんねぇ」と思った。さて、某駅の待機場所にバスを停めた私は、水筒のコーヒーを二口ほど飲んで、「発車時刻五分前か、そろそろ準備をしようかな」と思った。その時、バス乗り場を歩いていたお爺さんが両手を挙げて、私に向かって「パンパン！」と手を叩いたので、私は「えっ⁉　あんたは誰だ？　わしゃ知らんぞ」と思った。

するとお爺さんがバス乗り場から下りてバスに近付いてきたので、私は「まだ回送で来ただけだから、忘れ物なんてないぞぉ」と思いながら、運転席の窓を開けたところ、お爺さんがフロントバンパーを指差しながら「ゴミ袋が引っ掛かっとるよ」と言ったので驚いた。私は「えっ？　あっ！　ありがとうございます」と言いながらバスを降りて確認した。そこには、てっきり〝跨いだ〟と思っていたゴミ袋が、バンパーの下の金具に引っ掛かっていたのである。幸い、ゴミが〝プラスチック類〟で悪臭もなかったので、とりあえず〝運転席の後ろ（背もたれと仕切り板の間）〟に押し込んだ。その後、私は「もしも、これが生ゴミの入った可燃ゴミだったら、臭かっただろうなぁー、うん、良かった、良かった！」と思いながら地下鉄某駅を発車、市内中心部へ向かった。しかし、その途中、イチョウ並木にあるバス停から、大勢のウ●コ臭い人たちが乗ったので、あっと言う間に車内は臭くなってしまったのだった（こらこら！　そりゃ銀杏だ、銀杏！）。

苦情いろいろ

真相は、その手のひらに!?

終点の私鉄某駅で乗客を降ろし、忘れ物チェックをしていたところ、一人の男性が戻ってきて「おい！　バスに当て逃げされたぞ。すぐに連絡を取れ！」と言ったので驚いた。私には何が何だか分からず「えっ!?」という顔をしていると、「おい！　何やっとるんだ。早くしろ！　たった今、出て行ったバスだよ！」と言ったので、私は携帯電話を取り出して「それでは営業所へ連絡を入れて」と言ったのだが、その男性は「そこに無線機があるだろう。運転士を呼べ！　あのバスの運転士を！」と言ったのである。男性は物凄い勢いで怒っているし、私は当事者ではなかったので「とりあえず一歩引いて〝言いなり〟になって様子を見よう」と心に決めた。ところが、無線で呼んでも返事がない。その男性が「返事がないとはどういうことだ！　無視しとるのか！」と怒鳴るので、私が「電源が入っていない可能性が」と言ったところ、男性は「それはそれで問題だろう！」と怒鳴り続けた。この男性は〝ああ言えばこう言うタイプ〟のようだったので、「やはり、この場は逆らわずに様子を見よう」と改めて決意した。私は「いずれにせよ、無線では連絡が取れないので、営業所へ電話をします」と言って、その男性と一緒に乗務員休憩室へ入った。

そこでは、一人の運転士さんが休憩していたのだが、すぐに〝非常事態〟を察知して出ていってしまった。被害者の男性は「私が歩いていたすぐ横をバスが出ていって当たったんだ。その時に〝給油口（それは車体の左側にあるのだが……）〟のフタが開いたから、運転士も気付いているはずだ」などと言っていた。その瞬間も見ていなかった私は、とにかく「申し訳ございません」を繰り返すしかなかった。いろいろと話している途中で、私が「お怪我の具合はどうですか？」と尋ねたら、男性は「あぁ、怪我はどうってことない。気持ちの問題なんだよ！」と答えた。だが、だが、だが！　その時、男性は〝右の手のひら〟を見たのである。手の甲ではなく手のひらを。その瞬間、私の中に大きな疑問が浮かび上がり、「バスの方から、どうやって手のひらに当たるんですか？」と反撃したかったのだが、いかんせん、私は当事者ではないので黙っていた。

その後、営業所へ連絡した。電話口の上司から「相手の方の怪我の具合はどうなの？」と聞かれたのだが、本人を目の前にして「特にどうってことないです」とは答えられずに、

「骨が折れたとか、出血がひどいということはありません」と答えた。さらに、男性が横から「あーだ、こーだ」と言うので、なるべく忠実に、いや、やや大袈裟に上司へ伝えた。それが功を奏したのか、男性は「そんな言い方しなくても」という表情になり、少しずつ態度が軟化したようだった。そして、男性は「おたくらも大変だねぇ、常識ハズレな乗客も多いだろう」とか、「今の世の中、みんながカリカリしていて駄目だよな」とか、「それは正義が通らない世の中だからだよ」とか、「そもそも国が平気で矛盾したことをやっているのが悪い」とか言い始める。ついつい私も「世の中すべてがスピード化されて、みんな精神的に余裕がないのかもしれませんね」と言ったりして、その後は、ちょっとした笑いも交えながらの〝対談〟となった。しばらくして今回の件に話が戻った時、男性の口から「元はと言えば、おたくらが〝降車場ではない場所（その男性が、そう思い込んでいるだけ！）〟で降車扱いしているからいけないんだけどな」という台詞が出たところで私は思い出した。以前、若い運転士に「ここは降車場ではないから降りない」と言ってゴネた人間がいたという話を。そこで再び〝反撃の機会〟が訪れたのだが、今回ばかりは自分が当事者ではないので黙っていた。

また、上司から「後ほど連絡をさせてもらうために、名前と電話番号を聞いておいてくれ」と言われていたのだが、その男性は最後まで名前も電話番号も教えてくれず「もう電車の時間だから！　私の方から連絡するから！」と言い残して去っていったのである。その後、休憩室から出ていった運転士さんにあらすじを話したところ、「あの時、何か〝バンッ！〟と音がしたんだよ。それで見たら〝冷却水補充口（それは車体の右側にある！）〟のフタが開いていた」と教えてくれた。バスの方から人間に当たって〝バンッ！〟と音がしたならば、ただでは済まないはずなのに。加えて、「怪我は？」と聞かれて、思わず〝手のひら〟を見たということは……。そう、その人間が〝バスを叩いた〟と考える方が自然である。いや、それ以外に考えられない。そこで、次のような推測が成り立つ。〝降車場ではない（と彼が思っている）場所で降ろされて気分がモヤモヤしている時に、目の前に停まっていたバスが発車して驚いてムカついて、思わずバスを叩いてしまった。そこでバスが停まって、その運転士に文句の一つでも言えれば気も済んだのだろうが、バスはそのまま走り去ってしまったものだから、怒りの矛先が私に……〟ってところだろう。ちなみに、その後、その男性からクレームが入ったという話は聞いていない。

車椅子の人との交流⁉

〝運賃が段階的にアップする（中扉から乗って、前扉から降りる）路線を走る営業所〟から、〝運賃が一律の（前扉から乗って、中扉から降りる）路線を走る営業所〟へ転勤して何カ月か経った頃の話。あるバス停で二十人くらいの乗客と〝車椅子の男性と付き添いの女性〟が待っていた。ボケな私は「車椅子の人の乗車扱いをやってから、他の人たちの乗車扱いをするように！」と上司から言われたのを忘れていて、両扉を同時に開けてしまった。当然、降りる人は中扉から出ていき、乗る人は前扉から入ってきて、車椅子の人は、ただ待つしかなかった。その時点では、まだ気付いていなかった私が、乗降客の流れが終わってから運転席を立ち、中扉から「お待たせしました」と言ったところ、「おい、何も聞いとらんのか！」「名前は何だ！」「車椅子が先だと言われとらんのか！」などの連続攻撃を受けてしまった。それを聞いて「自分が悪かった」と悟った私は「あ、そういえば、そうでした。申し訳ございません」と謝罪し、乗車扱い中も二度三度と謝罪した。

そこからバス停をいくつか進んだ頃、車内から携帯電話で通話する声が聞こえてきた。車内ミラーで確認すると、その声の主は〝車椅子の男性〟だった。一瞬、私は迷ったけれど「あれとこれとは話が別だ」と思って「バスの中で電話をしないで下さい」と注意した。すると、付き添いの女性の方が怒ってしまい、普通にブレーキを踏んで停まっただけなのに「きついブレーキだね！　何を考えとるの！」などとキレまくる。すると、車椅子の男性が「まぁ、いいから、俺が言ってやるから」などと言ってなだめていた。数分後、車椅子の男性と付き添いの女性が降りるバス停に到着した。私は〝何事もなかったかのように〟車椅子の男性の降車扱いをしていた。その間も、付き添いの女性はずっと私に罵声を浴びせ続けていたのだが、私は「乗車時のことは謝罪して済んだことだから、この女性が言っていることは無視しよう」と思って、適当に相槌を打ちながら淡々と降車扱いを続けた。その様子が面白かったのか、車内にいる女性客の一人が笑いを堪えているのが分かったので、私も笑いそうになってしまった。乗務を終えて営業所へ帰ると、すぐに上司から「松井くん、車椅子の乗客から」と呼ばれた。どうやら、その男性は過去に何度も苦情を入れてきている人らしく、「まぁ、これから気を付けてな！」の一言で済んでしまった。

それから何日か経った頃、あるバス停で〝車椅子の男性と付き添いの女性〟が待っていた。私は、その男性を意識することによって、自分の気持ちを揺さぶられるのが嫌だったので、相手の返事などは一切期待せず、〝他の車椅子の人に接する時と同じように〟普通に声をかけ、普通に手伝って、普通にお礼を言いながら乗車扱いをした。そして、何事もなく車椅子の男性が降りるバス停に到着した。そこで私が降車のためのスロープを出していたら、意外にもその男性から「運転席で何かピィーって鳴ってるよぉ」と声をかけられたので、私は「あ、あぁ……。シートベルトを外すと鳴るんですよ。すべてのバスではありませんが」と驚きながら答えた。すると、その男性は「今はマイカーにもいろんな装置が付いとるけど、よく分からんもんもあるでなぁ」と言ったので、私は「えぇ、ちょっと鬱陶しく思うものもありますね」と答えたのだった。うーむ、意外な展開だ。今後、もっと〝火花が散る関係〟になるかと思っていたのだが、ちょっと残念。それにしても、ほとんどの乗客が何も言わない中で、そんな感じで気軽に声をかけられてしまうと、その男性を注意しにくくなるじゃんねぇ。あ、それが狙いだったりして⁉

女性客に叱られる！

ある路線の最終便を担当した時のこと。途中の某バスターミナルで乗降客扱い後、出入口の信号が変わるのを待っていた。すると、一人の女性が通路を歩いてきて「そうやっていつまでも待っているんですか？　ここの信号はボタンを押さないと変わりませんよ！」と叱られてしまったのである。その二〜三カ月前、同じ最終便を初めてやった時には、昼間と変わりなく普通にターミナル出入口の信号が変わっていたのだが、その時はたまたま誰かが信号機用のボタンを押したか、対向車がセンサーの下に入っていたのかもしれない。その場所以外にも〝夜間は押しボタン式（車両感応式）になる信号機〟はあり、教習中に聞いていたのだが、その某バスターミナルについては初耳だったので、私は「えっ⁉　そうなんですか？」と驚きながら運転席を立ち、「すいません、聞いてなかったものですから」と言った。さらに彼女は「いつも走ってるでしょ！　見れば分かるでしょ！」と怒っていたが、とりあえず私はバスを降りてボタンを押しに行った。そして、バスに戻ってきてから「ありがとうございました」とお礼を言った。てっきり私は「自分が教習中に聞き逃したに違いない」と思ったのだが、その後、何人かの運転士さんに聞いたところ、「えっ⁉ 知らなかった、いいこと聞いた！」とか「まだ（その路線の最終便を）やったことないけど、知らなかった！」などと言われてしまったので、私は「なんだぁ、ちゃんと教習してないんじゃないのかぁ？ さすが※※バスだな」と思った。

子供にムッとする私

あるバス停で十数人の小学生を含む二十人ほどの乗客が待っていた。そして、最初に乗った女の子がカードを通そうとしたところ、「このカードでは運賃精算できません」と運賃箱に拒否されてしまった。私は、すぐにそれが〝昼間割引カード（平日は10時00分から16時00分の間だけ使えるカード）〟であることと、現在の時刻が〝16時01分〟であることを確認した。すると、私が何か言うよりも早く、その女の子は「本当は59分なんだけどぉ！」と言いながら、右手に持っているカードで運賃箱をピタピタと叩いたのだった。

確かに、彼女の〝おっしゃる〟通り、そのバス停の〝発車予定（目標？）時刻〟は15時

59分なのだが、その言い方と態度によって、私は〝彼女が小学生であることを忘れて〟ムッとしてしまったのである。が、すぐに「きっと彼女の家では、お父さんが何か失敗をするたびに、お母さんがそのような態度を取るのだろう。だから、知らず知らずのうちに身に付いてしまっただけだ。そんな彼女に罪はない」と勝手に想像を膨らませながら、運賃箱の設定を〝昼間〟に切り替えて、カードを通してもらったのだった。

週末の朝のイジメ路線⁉

ある運転士さんから「市内中心部へ向かう路線の始発便を土曜日にやったんですけど、終点の二つ手前のバス停を五分くらい遅れて発車しようとした時に、車内通路を歩いてくる人がいたので、『降りるのかな？』と思って少し待っていたら、その人から『何をモタモタやっとるんだ！　さっさと行け！』と怒鳴られちゃって。そうしたら、他の乗客まで『そうだ、早く行け！』『何分遅れとると思っとるんだ！』と言い始めて、散々な目に遭いましたよ」と聞いていた路線を、私も何度か担当したのだが、残念ながら、何か言われることは一度もなかった。

もしも、自分の不注意でバスを遅らせてしまったならば「本当に申し訳ない」と思うけれど、それなりに乗降客があるし、信号のつながりも悪いし、真面目に運転しているのにブーブー言われようものならば、「ここの制限速度はご存じですか？（時速四十キロメートル）」「このバスはだいたい何キロで走っていると思いますか？（時速五十キロメートル）」「私は会社から制限速度を守れと言われていますが、それでもバスの遅れを最小限に食い止めようと〝全体の流れに乗って（制限速度超過を承知で）〟走っているのです。それなのに文句を言われてしまっては割に合わないので、今後は制限速度を守って走ります。いくらでもどこへでも文句を言ってください」と宣言するつもりでいたのに。私の場合、ついついそれが顔に出てしまっていたのかもしれないなぁ。

ただ、何か言いたそうな乗客がいることは確認できた。〝空席がたくさんあっても座らずに、ずーっと通路の前の方に立っている、いかにも口うるさそうな人〟とか、〝バス停で身を乗り出すように立っていて、これ見よがしに腕時計を見ながら乗ってくる人〟とか。私は、そういう乗客ばかりのバスを運転するのは「気楽でいい」と思っている。なぜならば、そんな〝集団イジメ〟をやるようなオッサンたちに対して、バスが遅れようが何があろうが「申し訳ない」と思う必要がないからである。ま、口先だけの「申し訳ございません」は必要かもしれないけどね。

ノーマークだった××ジジイ

ある路線の始発便でのこと。あるバス停から〝一～二分遅れただけで文句を言うお婆さん三人組〟が乗ると分かっていたので、「今日は定刻で行けるか遅れるか、何か言われるか言われないか、信号のタイミング次第だなぁ」と思いながら、某住宅地を定刻に発車した。そして、〝お婆さん三人組〟が乗った時は約二分の遅れだったのだが、思っていたほど激しい反応がなく、「もう（自分たちが乗りたい地下鉄に）間に合わん」「二分も遅れとるもん」「まぁ乗れん」などとブツブツ言っているだけだった。また、三人の共通の知人について「あの人、最近ちょっと太ったねぇ」「この年になって太るとアレだで」などと〝その場にいない人のこと〟を話していたので、私は思わず笑いそうになってしまった。

乗降客が多い地下鉄某駅には約二分遅れで到着した。私が「ご乗車ありがとう〜（以下略）」と言いながら両扉を開けると、一斉に降りていく乗客たち。三人組のお婆さんも「慌てんでいいよ。どうせ間に合わんで」と言いながら前扉から降り、それに続いて次々と降りる乗客。と、その時！　一人のお爺さんが「朝はもっと急がないかんぞ！」と言いながら、私の左腕を叩いていったのである。三人組のお婆さん以外はノーマークだったので、最初は何が起こったのか理解できず、「ひょっとして叩かれたのか⁉」と気が付いた時には、歩いていくジジイの背中を黙って見送るしかなかったのである。同じ叩かれるにしても、「運転士さん、もうちょっと頑張って走ってくれんかなぁ〜」と微笑みながら言われたならば、私も「すいません」と答えて気にすることもなかったのだろうが。そうではなかったので、すぐに怒りが込み上げてきて、その後は、ずーーーーっと〝叩きジジイ〟のことで頭がいっぱいだった。

乗務前半を終えて営業所に戻った時、自分でも「途中で道を間違えたり、バス停を見逃したりしないで、よくぞ無事に走ってこれたなぁ」と思ったくらい怒りが継続していたので、点呼の時に上司へ報告したら、「そういう場合は、追いかけていって捕まえてもいいんだぞ」と言われたけれど、終点ならばともかく、まだ途中だったからねぇ。そうか！いっそのこと、そこでバスを停めて〝大事件〟にして、テレビや新聞で取り上げてもらえば良かったのか⁉ よぉーし、次回はそうしようかなぁ（そういうオマエこそ、自ら変な事件を起こしてテレビや新聞に取り上げられるんじゃねぇぞ！）。

数分前の敵が友に⁉

午後七時台の某所行き。バスは順調に走っていた。ある交差点で信号待ちをしている時に、左から他系統のバスが出てきて左折して行った。しばらくして信号が変わり、私のバスは他系統バスの後を追うように交差点を直進して行ったのだが、次のバス停で他系統バスが停まり、その直後に二台のマイカーが停まり、私はその後ろで停まった。他系統バスはハザードランプを点滅させたまま駐車ブレーキをかけ、乗降客の流れがなくなっても動く気配がなかったので、「きっと時間調整停車をしているんだ」と思って時計を見たら、ちょうど私のバスの発車時刻の二十秒前だったので、「きっと同じ発車時刻に違いない。ちょうど良かった！」と思った。だが、私のバスの発車時刻になっても、他系統バスは扉を開けたまま動かなかったのである。

私のバスの降車ランプが点灯していたけれど、歩道には植え込みがあって扉を開けられない。バス停には他系統バスに乗らずに待っている人がいるようだったので、私は「バスが遅れているわけじゃないし、焦らずに待とう」と思った。それから一分後、他系統バスが出て行った後、私はバスを前進させ、乗降客扱いしてから発車した。その後も普通に降車客扱いと信号待ちを繰り返し、二分くらい遅れて終点の某所に到着、「ご乗車ありがとう〜（以下略）」と言いながらバスを停めて扉を開けると、乗っていたのは一人の男性だけ。後方からわざわざ前の方へ歩いてきたので、私は「ご苦労さん」とでも言ってくれるのかと思っていたのだが、「ちょっと聞いてもいいですか？」と言われたので、私は「何だろう？」と思いながら「はい、いいですよ」と返事をした。

すると、その男性が「さっき、前のバスが時間よりも早かったのか、ずっと待ってたでしょう？　ああいう時は、抜いちゃいけないの？」と言ったので、私は少し驚きながらも「ええ、基本的には抜いてはいけないので」と答えた。それに対して、男性が「それっておかしくないですか？　みんな早く帰りたいのに、こっちのバスは二分も遅れていたでしょ。この前の運転士さんは抜いて行ったよ！」と言ったので、私は「到着した時は発車時刻よりも早かったんだし、〝二分も遅れて〟って、それほどの生活をしとるのか⁉」と思いながらも「運転士それぞれの判断が異なる場合もあると思いますが、我々は〝抜くな！〟と言われているので」と答えた。その後、しばらくは「抜かなきゃおかしい」「それはできない」「変えてくれ」「運転士に言われても変わらない」と押し問答が続いた。

するとと、男性が「あのぉ、こんなこと言っちゃ悪いけど。大変失礼だと思うんだけど、最近のバス運転士は〝馬鹿っ丁寧〟なんだよ！　変なタイミングで一時停止したり（会社の上の方から、「スクランブル交差点であろうが、歩車分離式信号であろうが、左折矢印が出ていようが、信号の変わり目であろうが、左折時には必ず一時停止せよ」と命令されていた）、〝よし、よし、よし〟とか言ったり（会社の上の方から、「電車と同じように指差呼称確認をせよ」と命令されていた）、あんなの、後続車にとっては、いい迷惑だよ！逆に危険だと思わないのか！」と矛先を変えてきたので、さっきまで「面倒くさいなぁ」と思っていた私の気持ちはコロッと変わり、「やったー！　同じ考えを持った人だ！」と喜んだ。そして私は「おっしゃる通り、あれは危険です。だから、私なんてキッチリとは停まっていないし、〝よし〟なんて言ってませんよ。しかし、それらは上から言われているることなので、守る運転士さんもいるわけですよ。それをやっていないと、こっそりとバスに乗って運転士をチェックする〝モニター〟と呼ばれる人間に悪い点数を付けられて、昇給に悪影響を及ぼすんですよ。だから、〝こんなの無意味だ〟と思いながらもやっている運転士さんは多いんです！」と熱弁をふるった。

さらに私は「我々運転士が〝おかしい〟と思うことは他にもたくさんありますけど、我々のすぐ上の人間に言っても駄目なんですよ！　彼ら（全員ではないと思うが）は、自分たちよりも上の人間から嫌われたくないので、上の方へ現場の意見を上げないんですよ！　だから、我々に何を言っても、いくら言っても無意味なんです！」と、思いっ切りブチマケ、いや、男性の疑問に答えた。すると、最初とは明らかに表情の変わった男性が「それじゃあ、営業所へ電話すればいい？」と言ったので、私は「いえ、それでは同じことですから、もっと上から言ってもらうようにしないと意味がありません」と答えた。一瞬の沈黙……男性は私の運転カードをチェックしていたようで「あなた、もう帰る時間だったのに、引き止めて悪かったね」と言ったので、私も「いえいえ、ありがとうございました」と答えてから発進したのだが、ちょっと興奮気味だった私は危うく赤信号を無視しそうになり、横断歩道を半分くらい侵食したところで停まった。そんな私の目の前を、男性は手を挙げて渡っていったのだった。

不親切な運転士

ある朝、某地区巡回バスとして某駅の乗り場へ移動した。待っていたのはお爺さん一人だけだった。そのまま発車時刻になり、「さて」と思った時、左斜め前方から一人の女性が、大きなキャリーバッグをガラガラと引きずりながら走ってきた。ところが、バス停の陰で立ち止まったので、「ん？　どうしたんだ？　バス停で見えないけど。あぁ、他系統バスと勘違いしたのか！　時刻表でも見ているのかな？」と思って前扉を閉めた。すると、慌ててバス停の陰から出てきたので、私は再び前扉を開けたのだが、無言で乗り込んだ女性は、財布を取り出して小銭をチャラチャラ。運賃の支払いを終えると、ガチャガチャとバッグを持ち上げ、余計な時間を費やして、わざわざ〝狭くて高い助手席〟に座ったのだった。

結局、某駅を一分ほど遅れて発車した。三つ目のバス停を通過したところで降車ブザーが鳴ったので、四つ目のバス停で停まって中扉を開けたのだが、助手席の女が通路に下りたまま動かなかったので、「まさか」と思っていたら、案の定、「前から降りたいんですけど！」と言ったのだった。通路に何人か立っているような状況であれば、言われなくても前扉を開けるのだが、車内はガラガラだ。その女のせいで不機嫌だった私は「出口はあちらです」と言いながら、開けてある中扉の方を指さした。それに対して、女が「いつも開けてもらってます」と言ったのだが、私は「そんなの、ただのワガママだろう」と思って無視した。すると、女はバス停表示器に掲示してある名札を見ながら、「松井さん、すっごい不親切‼」と言い放って中扉から降り、〝後方〟へ歩いていったのだった（なんじゃそりゃ？）。ふっ、いつか再会した時、同じように遅れてこようものならば、〝すっごい不親切な運転士〟らしく、アンタを置き去りにしてあげますよ。

怪人・ジコチュークレーマー

ある雨の朝八時半頃、私は片側三車線の道路を走っていた。そこから三つ先の信号交差点を右折するので、まずは真ん中へ車線変更した。一気に右車線まで行っておきたいところだが、一つ目の信号交差点で〝右車線が右折レーンになってしまう〟ので、一つ目の信号交差点と二つ目の信号交差点の間で右車線へ移動するのである（二つ目の信号交差点は〝右折禁止〟なのだ）。一つ目の交差点を通過する時、右ミラーに〝右ウインカーも出さずに右折レーンを走ってくる黒いマイカー〟が映ったので、私は「ひょっとして自己チュー野郎かな？」と思いながら右ウインカーを出し、ゆっくりと車線変更を開始した。すると、案の定、黒いマイカーは右折レーンを直進してきて「パパパパァーーーン！」と激しいクラクションを鳴らしたのである。私は〝そのマイカーが通れないほど右へ寄っていたわけではなかった〟ので、「さっさと行けばいいがや！」と思いながら車線変更を中断したのだが、幸いにも（そのマイカーにとっては残念なことに）、二つ目の交差点で〝対向右折車が頭を出していた〟のである。私は「あぁ、対向右折車が邪魔だったから鳴らしたのかぁ」と思いながら三つ目の信号交差点の右折レーンに進入したのだが、後ろから来た黒いマイカーが再び「パパパパァーーーン！　パパパパァーーーン！」とクラクションを鳴らし始めたので、「ん？　さっきのクラクションも私のバスに対して鳴らしたのか⁉　それにしても激しいクラクションだなぁー。こりゃ久々の〝大物（大きなネタになる）〟かもしれないなぁ」と思いながら右折、次のバス停で停まって扉を開けた。

私が乗客の応対をしていたところ、いきなり「ドン！」と運転席の窓を叩く音が聞こえたので、「ん？」とチラ見すると、そこには推定四十代の〝怪人ジコチューククレーマー〟が立っていた。私は「ふっ……やっぱり来たか」と思いながら、ゆっくりと窓を開けた。すると、予想通り「ワーワー」「ギャーギャー」と怒鳴り始めたので、私は「ルールを守らん奴に、文句を言う資格はない」と思いながら聞き流していた。怪人が「俺がクラクションを鳴らしたのに、寄ってきただろう！　謝れ！」と言ったので、私は「一つ目の交差点の右車線は右折レーンですよ」と言ったのだが、それについては完全無視、「二つ目の交差点は直進レーンだろうが！」とか「降りてこい！　俺は（雨で）濡れとるだろうが！」とか、ジコチューな主張を繰り返すだけだった。

私は「こりゃ、何を言っても時間の無駄だなぁ。一刻も早く運行を再開しなければ！」と思ったけれど、〝悪の組織の怪人にバスを乗っ取られた正義の味方〟のような気分で、キックやパンチはもちろん、言いたいことも言えなかった。とりあえず「モウシワケアリマセンデシタ」「イゴ、キヲツケマス」と言ってみたものの、心から謝っていないのは明らかで……それどころか、私の目は怒りに燃えていたと思う。当然のように、怪人は「なんだその言い方は！」と怒鳴り、さらに、こういう××な怪人が好んで使う「責任者を呼べ！」という台詞まで飛び出した。私は「はい、はい。それで気が済んで、運行を再開できるならば」と思って、「営業所へ電話をさせていただきます」と車内に案内をしてから携帯電話で連絡した。その間に、怪人はバスの左側へ……そう、雨に濡れない〝屋根付きのバス停〟へ移動したのである。

私は、電話口の上司に「私が強引な割り込みをしたと、マイカーの男性がご立腹なので、代わってもらっていいですか？」と言い、怪人に携帯電話を差し出したのだが、なぜか電話に出ようとせず、相変わらず「ワーワー」「ギャーギャー」と怒鳴り続けていた。とにかく運行を再開させたかった私は、ただただ（相変わらず心のこもっていない声で）謝り続けていたのだが、怪人は「俺がクラクションを鳴らしたのが聞こえんかったのか！　俺は急ブレーキを掛けたんだぞ！　危ないだろうが！」などと大声で怒鳴り続けていた。一方の私は、「ウソつけ！　急ブレーキなんて掛けてねぇだろ！　俺はちゃんと確認しながら運転してたんだよ！　テメエがスピードを出し過ぎだろ！」などと思いながら反撃したい気持ちを抑えていたので、どんどん声が小さくなり……怪人から「声が小さくて聞こえんわ！」と言われるほどだった。

そんな感じで時間だけが過ぎ、私が運行再開を諦めかけた時だった。車内後方の席に座っていた男性客がやって来たので、「あぁ、ここで降ろしてくれと言うのかな？」と思っていたら、その男性は、私にではなく怪人に対して「すいません、早く行かないと会社に遅れちゃうんで」と言ったのだった。すると、怪人の激昂トーンが「あぁ」と急降下、私に対して「オマエ、◎◎（営業所）だな！」と言ったので、「これで運行再開できる！」と喜んだ私は「はい、◎◎の松井です！」と大きな声でハッキリと答えた。そして、すぐに扉を閉めて電話を切り、バスを発車させると同時に、後部座席の男性客に対して「ありがとうございました」と言い、乗客に対して「お待たせしました」と言い、「よぉーし、これで人質は解放された！　もしも営業所に怪人が現れたら、ここで言えなかったことを思いっ切り言ってやるぞぉー」とウキウキしながら、次のバス停へ向かったのだった。

その後、運行を続けながら「もしも、もっと時間がかかりそうだったら、〝今ここで警察を呼んで、一緒にドライブレコーダーの映像を見てもらい、私が危険な運転を（していないけれど）したということで検挙（されないけれど）されればいいですかねぇ？（テメエが右折レーンを直進したということがバレるんだぞ！　分かっとるのか？　という含みを持たせて）〟と言えばいいのかなぁ」などと考えていた。

九時半頃に営業所へ戻ると、すでに怪人から電話が入っていたようで、上司ら数人と一緒にドライブレコーダーの映像を見たのだが、みんなは「えっ⁉」「何？」「どこが悪いの？」「普通じゃん！」「こっちは何も悪くない！」「自分が右折レーンを直進して来てるのに！」と言っていた。実は、私自身「ひょっとして少しは幅寄せしていたのか⁉」と不安だったけれど、全然していなかった（正確に言うと、境界線ギリギリを走っていた）のでホッとした。この怪人が通勤時間帯に現れたということは、〝再戦〟の可能性が高いということである。怪人よ、楽しみにしているぞ！　グワッハッハッハッ……（オマエの方が怪人みたいだな！）。

バカ運転士と呼ばれて

ある朝、ＪＲ某駅へ向かって順調に走っていたのだが、大きな交差点の手前にあるバス停で乗車客扱いをしているうちに信号が赤に変わってしまい、バスは先頭で信号待ちをすることになった。すると、助手席から「おっせぇなぁー」という男性の声が聞こえたので、「ん？　遅い？　何が？　今の発進⁉」と思っていたら、その後、何やら大声で怒鳴り始めたのである。どうやら、運行支援システム（様々な運行ミスを防止するための装置）の「斜め右です、斜め右です」という〝運転士に対してバスの進行方向を指示する音声〟がうるさいと言っているようだった。私は「あぁ、さっきのは、〝おっせぇなぁー〟じゃなくて〝うっせぇなぁー〟だったのか！　ま、何を言っているにせよ、〝松井！〟とか〝運転士！〟とか呼ばれていないから独り言かも。それでも、〝まともな苦情〟だったら返答しなきゃいけないけど、そうじゃないからなぁー」と思って好きなだけ言わせておくことにした。

信号が青に変わって発進、運行支援システムの音声は止まったのだが、相変わらず助手席からは〝決して若くはないと思われる男性の怒鳴り声〟が聞こえていた。私は、独り言に返事をするつもりはなかったし、そもそも運転中だったので、しっかりとは聞いていなかったのだが、「そんなの一回で分かるだろ！」「気の利いた運転士は一回で切るぞ！」「乗客にはまったく必要ない情報だ！」という言葉くらいは耳に残った。次のバス停で多くのお年寄りが降車している中、助手席の男性が、まだギャーギャー吠えていたので、そこで初めて私は助手席の方を見て「（音声を）切って（道を）間違えたとして、誰も責任を取ってくれないでしょ？」と言った。すると、そのジジイは「そんなもん一回で分からんのか！　こんなバカな運転士は辞めさせせんといかん！」と怒鳴りながら中扉から降りた。すぐに私が車外スピーカーに切り替えて「それじゃあ営業所へ電話して下さい！」と呼び掛けると、ジジイが「あぁ、投書してやる！」と叫んだので、私は「はい、お願いします！」と言ってから扉を閉めて発車した。その後、終点では十人くらいが降りたのだが、いつもより多くのお客様から「ありがとう」と言われたような、ちょっと得した気分であった。

その他いろいろ

おばさん、何のために……

その日の乗務前半を終えて営業所へ帰る途中でのこと。あるインターチェンジを下りていったところ、百メートルほど先にある交差点の信号は赤だった。交差点の三十メートルほど手前で側道と合流するのだが、そこから一旦停止せずに出てくる車が多く、その時も側道を走ってきた車が見えていたので「どうせ停まらずに出てきて、私の前に入るのだろう」と思っていたのだが、その車は停止線直前で停まったままピクリとも動かなかったのである。私は「へぇー。珍しい人もいるんだなぁ、素晴らしい！」と感心しながら、その先の交差点を左折するため、側道を走ってきた車の前を通って左の方へ向かった。その直後、その車がバスの左側面後方に接触した。私は「えっ⁉　なんで？」と驚きながら道路の左端にバスを停めた。

接触した車から降りてきたおばさんは、「そこ、白バイがよく張っているから、それを気にしてずっと左を見ていたのよ」と言ったのだった。どうやら、安全確認のために一旦停止していたのではなく、「白バイがいるかいないか」を確認していたようだ。ちょうどそこへ〝噂の白バイ〟がやって来たのだが、「私は一旦停止しました！」と何度も強調するおばさんに対して、警察官が「何のために一旦停止するんですか？」と何度も言っていた。その後、最寄りの交番へ行ったのだが、そこでも、おばさんは「私はしっかり一旦停止しました」を繰り返し、警察官から「だから、何のために」と諭されていたので、私は当事者でありながら、笑いをこらえるのに必死であった。

大変だったプレオープン

某大手ショッピングセンターのプレオープン初日のお昼前、「予想を超える人&マイカーが殺到したため、最寄り駅を往復するシャトルバスが機能していない」という連絡が営業所に入り、本来は昼寝休憩時間に入るはずだった私は〝緊急出動〟を命じられた。まずは回送で営業所を出発し、途中で渋滞にはまりながらも最寄り駅に到着。そこには百人以上の乗客が待っていたので驚いた。乗車客扱い後、私は「お待たせして申し訳ございません。道路が大変混雑しておりますので、どれくらい時間がかかるのか分かりません。予めご了承ください」と案内してから発車した。すると、動き出してわずか数百メートルで渋滞にはまってしまった。目指すショッピングセンターまでは約五キロメートル。そこから一キロメートルも進まないうちに一時間が経過。それなのに、誰も文句を言わずに乗っていた。それからしばらくして「ルート変更！」という無線が入ったのだが、私はよく分からなかったので、後方から来ていたバスに追い越してもらい、その後をついて行った。「これで一気に行けるかも⁉」と思っていたのだが、ショッピングセンターまで数百メートルとなったところで再び渋滞にはまってしまった。

その時、二人のおばさんが「ちょっとお手洗いへ行きたいので」と、途中下車を申し出てきたので、「これも一種の〝非常事態〟だから問題ないだろう」と思った私は扉を開けた。が、それから間もなく、私の前にいたシャトルバスが、駐車場へ入るために左車線で並んでいる渋滞マイカーを尻目にガラ空きの右車線を爆走、もちろん私も追走。誘導員の指示に従って〝裏口（正規の乗降場所とは違う場所）〟に到着した。その時、最寄り駅を出発してから一時間半以上も経っていたので、私は「長らくのご乗車お疲れ様でした。申し訳ございません。ありがとうございました」と言いながら、次々と降りて行く乗客を見送っていた。すると、何度も「運転士さん、お疲れ様でした」「ありがとうございました」と声をかけてもらい、思わず涙がこぼれそうに……。最後に降りた男性から「普段だったら、どれくらいかかるの？」と聞かれたので、「十分足らずですかねぇ」と答えたら笑っていた。

鶴の恩返しではなく

晴れと雨を何度も繰り返す変な天気だったある日のこと、いつものようにバスを運転していたら、不意に何かが「ポトリ」とハンドルの上に落ちてきた。それは体長二センチメートルくらいの黄色い毛虫だった。私は虫が苦手で、できれば触りたくなかったのだが、毛虫はそのままハンドル上を元気よく進み、私の右手の方へ向かってきてしまった。「ゲッ」と思った私が勇気を振り絞って、右手の人差し指で毛虫を弾き飛ばしたところ、毛虫はダッシュボードとフロントガラスの〝谷間〟へ落ちていった。約二時間後、毛虫が地獄の底から這い上がってきた。まずはフロントガラスの中央部分を下から上へと行く。上部にたどり着くと、そこから右の方へ移動して、その後は、フロントガラスの右端を下がったり上がったり、それを繰り返していた。私は「そのまま見える範囲をウロウロしていてくれれば、営業所内の草の上にでも放り投げてやるからな！　あと三十分くらいの辛抱だぞ！」と思っていた。毛虫の動向をチラチラと横目で追いながら、バスの運転もちゃんとやらなければならず、不器用な私にとっては真剣勝負であった。

しかし、私は途中で毛虫の姿を見失ってしまい「しまった、また谷間に落ちたのだろうか？　それとも、再び天井からダイビングするのだろうか？　しかも私の上へ⁉　頼むから勘弁してくれぇ！」と思っていた。その時！　突然、パタパタパタッと私の足元から、体長五〜六センチメートルのチョウが飛び出してきたのである。「あの毛虫が⁉　そんなバカな！」と私はプチパニックに陥った。ビックリし過ぎて声も出なかった（もしも、その瞬間に前の車が停まっても、気付かずに追突していたかもしれない）。少し落ち着いた私は「まったく、手品じゃないんだから、ビックリさせないでくれよぉ。とりあえず、毛虫は飛べないから仕方がないとして、チョウは勝手に出て行ってくれんかなぁ！」と祈りながら運転席の窓を開けたのだが、なぜかチョウは運転席の上部にある日除けの根元に止まったまま動かなかった。営業所内でバスを停めた私は、車内に置いてあるホウキを持ってきて、チョウをツンツンして窓から逃がし、再び発見した毛虫をホウキの先に乗せて草の上にポイッと、手で触ることなく救出することに成功した。後で考えてみれば、彼らは、寝不足だった私に刺激を与えるために現れたのかもしれないなぁー。ん？　彼らではなく〝彼女ら〟じゃないかって⁉　そして昔話のような展開、〝毛虫の恩返し〟になるんじゃないかって⁉　ま、この際、毛虫でもいいか……（おいおい！）。

防衛運転に徹するため⁉

バスの運転士は、会社が決めた発車時刻を信じて待っている乗客のため、次から次へと襲いかかる傍若無人なマイカーや自転車などと常に戦っているのである。だから、精神的に不安定になることも多々あり、それが事故につながることも珍しくない。そこで、事故を一件でも減らすために、バスを〝アニメに出てくるような乗り物〟に改造すればいいのだ（またわけの分からんことを……）。つまり、運転士とバスを完全に同化させて、バスのエンジンの回転数を上げ過ぎると、運転士の心拍数も上がって苦しくなるとか、速度を上げ過ぎると、運転士の体力が短時間で奪われてしまうとか、バスが何かに接触すれば、運転士に痛みとして伝わるとか、そんな感じ！　そうなると、さすがに運転士も無理はしない。防衛運転に徹するはずである。

運転士の体力を車内フロント上部に〝残り何％〟と表示、乗客からも一目で分かるようにする。体力がゼロになってしまったらバスは動かなくなるので、「乗客もあまり無理を言わなくなるのではないか？」という淡い期待を胸に（それでも言う人は言うだろうが）。運転士にとって、心拍数の上昇や体力の低下よりも大変なのは、バスが何かと接触した時に伝わる痛みである。そうなれば、ほとんどの運転士が「どんなことがあっても接触事故だけは起こしたくない！」と思うに違いない。もちろん私も同じだ。〝街路樹にバキッ！左ミラーがグシャッ！〟という接触事故の場合、私の左耳が激痛に見舞われ、失神していたに違いない。もちろん、タイヤで何かを踏んでも痛みは伝わる。だから〝舗装工事中の道路〟を通る時には、相当な覚悟が必要である。削られたアスファルト、尖った石がゴロゴロと転がっている路面、脚の裏が痛くて痛くて、運転士の悲痛な叫び声と涙が止まらないだろう。場合によっては〝迂回ルート〟が必要になるかもしれない（通行止めでもないのに）。足の裏と言えば、「痛い！」以外にも大変なことがある。例えば、うっかり犬のウ●コを踏んでしまった時。あのグニュッという感覚が伝わり、何とも言えないブルーな気分になってしまうだろう。まぁ、それでも〝臭い〟が伝わらないのは救いである。

触れる感覚は車外だけではなく車内にもあるので、思わぬ〝敵〟が現れるかもしれない。例えば、子供がドンドンと床を踏み鳴らしたり壁を叩いたりすると、その度に運転士の体に痛みが走る。もちろん、その子供がドンドンとやる場所によって痛む部位が異なる。中扉よりもやや後方の中央でやられると、男性運転士としてはキツイものが（下ネタかよ！）。

また、雨の日などに窓ガラスが曇った時には、窓際の席に座った若い女性が、彼氏の顔を思い浮かべながら〝ハートマーク〟を描いたり、おまけに「チュッ」なんてやったり。その瞬間、運転士には脇腹をくすぐられるような刺激が伝わり、思わず「あぁ」と声が出たりして。そこで「おい、このスケベ運転士！　仕事中に何やっとるんだ！」と、事故は防げても苦情になったりしてね。

哀しきマスコット

たまに、カバンなどに付いていたと思われるマスコットが、運転席周りに置いてある。

きっと、満員の車内で乗客に揉まれ、紐がちぎれて落ちてしまい、忘れ物チェックをした運転士さんに拾われて。忘れ物として提出しても、取りに来るとは思えない。そうかと言って、捨てるには忍びない。だから、運転席周りに置いておけば、再び落とし主が同じバスに乗った時に気付くかもしれない。その運転士さんは、そう思ったに違いない。実は私もそうだから。

しかし、この仕事を続けて十数年、実際に「あっ！ そのマスコット、私のです！」と言われたことは一度もなかった（と思う）。もしも、それが手作りのオリジナルマスコットだったりすれば話も違ってくるのだろうが、市販されているモノや何かのオマケとなると、「ま、いっか」で気持ちの整理をつけてしまうのかもしれない。しかし、マスコットにしろ何にしろ、人や動物の形をしたものを自分の手で捨てるのは、あまり気分の良いものではない。実際、あちこちの寺院や葬祭場で人形供養をやっているくらいだから、多くの人が〝気持ち良くお別れしたい〟と思っているのだろう。

それは食べ物でも同じことだ。子供の頃に〝動物の形をした焼菓子〟を食べずに机の引き出しにしまい込んだり、〝魚や鳥の形をした和菓子〟を食べる時に躊躇したり。で、自分の中で〝残酷度合いが低いかも⁉〟と考えて、尾や尻の方から食べたものである。そういえば〝人の形をした和菓子〟もあるけれど、私はそれを大人になって初めて食べたので、何も考えることなくポイッと一口でいただいた。しかーし！　もしも、それが〝等身大〟だったら、さすがに食べるのを躊躇するだろうなぁ。

予想外の迂回運転

ある日の夕方、某運動場から某総合駅へ向かっていた時のこと。あるバス停を発車して緩やかな坂を上がって行くと、四百～五百メートル先にある某区役所前の交差点が見えてきたのだが、その交差点の手前、道路の右側に〝救急車っぽい車〟が停まっているのが見えたので、「あそこは、歯医者さんの前か。何かあったのかな？」と思った。そのまま某区役所前の交差点へ向かって直進する。二百～三百メートル手前まで来たところで、私の前を走っていたマイカーが警察官に止められたので、「この車、違反でもしたのかな？」と思っていたらバスも止められ、「この先は〝絶対に〟通れませんので、そこの脇道から迂回できませんか？」と言われて驚いた。住宅街にある一方通行の狭い道路なんて、何も知らずに大型車で入っていくには危険すぎる。私は「通ったことがないから分かりませんと答えて営業所へ連絡した。すると、電話に出た上司が〝待ってました〟とばかりに「あ、松井さん？　今、どこ？」と言った。どうやら、某区役所前の交差点の東側が〝ガス漏れで通行止め〟という連絡がすでに入っていたような雰囲気だ（交差点の手前に停まっている車は救急車ではなく某ガス会社の車だったのだ）。私が電話で話している間に、乗客七〜八人のうちの五〜六人が「降りていいですか？」と言いながら降りていった。

最初は、警察官が「もうすぐ通れる」と言ったので「その場で待機」となったけれど、しばらくして警察官が「まだ何時間かかるか分からない」と言い始めたので、降りようかどうしようか迷っていたお婆さんが「さっき、もうすぐ通れるって言ったよねぇ」と警察官に文句を言いながら降りていった。さらに、警察官が「（バスが後続車の邪魔をしているので）その一方通行の脇道へバックで入れてもらえませんか？　瞬間的に逆走になってしまいますが、緊急事態ですので」と言ったので、私は二人の警察官が見守る中、一方通行の道路へバックして、そのまま待機することになった。それから間もなく、最後まで降りようかどうしようか迷っていた〝足の悪いお婆さん〟が、たまたまバスの前で停まった空車のタクシーに乗り換えて行ったので、乗客はゼロとなった。そこで足止めされてから約二十分がたった頃、営業所から電話があり、「そこから少し戻って、市内中心部路線・別系統の某総合駅路線・某地区巡回路線を使って迂回して下さい」ということになった。グルッと遠回りして、通常とは違う方向から某区役所前の交差点へやって来た時には約三十分の遅れ。当然のことながら、某総合駅の発車時刻に間に合うはずもなく、「バス遅れましてご迷惑様でした」を繰り返しながらの運行となってしまった。

もしも、私が警察官から「通行止め」を告げられた時に、制止を振り切ってガス漏れの修理をしている交差点へ突っ込んでいたら……警察官がバスに向かって発砲（しないしない！）、驚いたガス会社の人が作業の手順を間違えてドッカァーン（ならんならん！）、各局のアナウンサーが「私の方が早くて正確だ！」と競い合うように「バスガス爆発」「バスガス爆発」「バスガス爆発」って報道してたりしてね。

無意味なＣＳ研修

ある日、私は乗務を外されて〝ＣＳ研修【ＣＳとはCustomer Satisfaction（顧客満足）の略だそうで。私はてっきり〝Corporate Slave（会社の奴隷）〟の略で、洗脳される研修だと思っていた。なんちゃってー】〟に参加した。講師の女性が、日常会話をするような感じで一人一人に次々と質問を繰り出してくるのを見て、研修開始前に本社の上司が「寝ている暇などないからな！」と言っていたのを思い出した私は「確かに、少人数制の英会話教室みたいで（行ったことないくせに！）、楽しくなりそうだ」と思った。その研修の内容は〝一般的なＣＳ論〟が中心だったので、〝モニター採点シートの点数が悪い（会社が用意した台詞を言っていないとか、左折する時に完全なる一旦停止をしていないとか）〟という理由で集められた運転士六人との間に、多少の（かなりの？）ズレがあったことは否めなかった。が、せっかくなので、私はできる限りペンを走らせてノートを取り、講師からの質問にも楽しみながら答えていた。

　すると突然、講師から「松井さん、ちょっと前へ出てきて下さい」と呼ばれて驚いた。「あなたは、銀行のＡＴＭでカードを使ってお金を引き出しました。それをバッグに入れて銀行を出ました。十分ほど経った頃、カードを忘れてきたことに気が付きました。その時の気持ちを、言葉を使わずに表現してみて下さい」と言われたので、私は「マジか⁉」と思った。が、すぐに三流役者が憑依した。まずは正面を見たまま一瞬の硬直、すぐに視線をあちこちへ移動させながら、シャツやズボンのポケットを確認し、さらに財布を取り出して中身を確認する。〝駄目で元々〟という感じで再びポケットを確認……そんな感じで、自分でも驚くくらいスッと演技に入ることができてしまい、「松井さん、演劇部にでもいたの？」と言われ、ちょっと嬉しかった。

　また、講義と講義の間に取られた休憩タイム（私以外の運転士さんは別室で喫煙タイム）では、自分の席に座ったままだった私に、突然、講師が「松井さん！　あなたのような人が、なんでここにいるの⁉　ずっと笑顔だし、素直だし」と声を掛けてきたので驚いた。私が「えっ⁉　素直って……」と答えるよりも先に、様子を見にきていた本社の上司が「そう、本当は素直なんですよ。ただ、まぁ……いろいろあってヒネクレたんだよなぁー。ハハハ」と代弁してくれたのだった。さらに、講師は「あと、◯◯さんと△△さんも……三人はちゃんとノートを取っているし、分からない。なんで、この三人がここにいるの？」と不思議そうな顔をしていた。

約三時間の全講義が終わって講師が退室した後、本社の上司が〝締めの話〟をした。その中に「乗客が子供だからとか、運賃が安いからだとか、そういうことで接客態度を変えずに……」という言葉があったけれど、多分、その場にいた六人全員、少なくとも講師が言っていた三人は〝そんなことで態度を変えていない〟と思う。上の方の人間たちは「モニター採点シートの中身がＣＳのすべてで、その点数が悪い運転士はすべての行いが悪い」と思っているのか。営業所の上司も「最低限、モニター採点シートの項目だけをやってくれればいいんだから！」と言う。一カ月に一回か二回、わずか十分程度しか乗らないモニターの採点がすべてだから、〝自分の昇級（出世）〟を目的としている運転士が〝モニターが乗る時間帯だけ（モニターを見抜いた時だけ）〟真面目にやって、何も知らない本社の人間から〝表彰された〟なんてこともあったような。ま、モニター採点シートの中身を無視して、常に自己流でやっている私よりは〝可愛い部下〟かもしれないけどね。

毎月一日はポイント十倍デー⁉

ある会社のトップというものは、なぜかコロコロ変わることになっていて（誰がやっても同じ？　いなくてもいい存在⁉）、ある時期のトップは、毎月一日の決まった時間に、我が営業所が担当している路線のバスに乗ることになっていた。かつて私も一度だけ、そのバスを担当したことがあるのだが、たまたまその時はトップが会社のお金で遊びに……いや、研修旅行で不在だったという。せっかく〝珍しい話のネタ〟が手に入ると思っていたのに、つくづく私は運のない男である。さて、ある月の一日にそのバスを担当した運転士さんが「今日は乗らないのかと思いながら一～二分遅れで発車したところ、トップが左側の脇道から手を挙げて走ってきたので、停まって乗せましたよ。もう少し来るのが遅かったら、気付かずに置いて行ったかもしれません」と言っていた。これで、彼の〝本社ポイント〟は十倍に跳ね上がったに違いない。実際に、そんなポイントがあるかどうかは知らないけれど。

もしも、その時の運転士が私だったら、気付かない振りしてブォーンと〝さようなら〟したたろう。または、それがトップだと気付かず、反射的に停まって乗せてしまったら、「人に厳しくする前に、自分に厳しくありたいものですね」と余計な一言を言うかもしれない。そして、私の本社ポイントはマイナス百倍、本社では「例え試験で百点を取っていても、コイツだけは絶対に昇級させるな！ そのための〝点数非公開制度〟なんだからな！」と言われてたりしてね。また、もしも私がトップという立場で、運転士に厳しい注文（非常識な命令？）を出していたならば、〝自分に甘い面〟だけは、絶対に部下に見せないようにするけどなぁー。この場合も、時刻表の時間に間に合わないと分かった時点で、バスの遅れなどを期待せず、タクシーでも何でも使って出勤するけどなぁー。ま、自分に甘い面があるのが人間らしいと言えば人間らしいんだけどね。ふっ……。

ボケ運転士は左利き⁉

ある朝、路線の途中にある踏切の手前で電車の通過を待っていた時のこと。私の前で停まっていたマイクロバスの最後部席に座っていた四人の子供たち（推定・小学五～六年生）のうちの一人がこちらを向いて、恥ずかしそうに小さく手を振った。私は「その相手は私でいいのか？」と少し迷いながらも小さく手を振った。すると、今度は元気よく手を振ってくれたのだが、こういう場合、当然の流れとして、最後部席に座っていた四人全員が気付いて手を振り始める。私は嬉しいやら恥ずかしいやら。それでも「期待に応えなければ！　しかも全員〝女性〟だし！」と、勇気を振り絞って（彼女たちの二十年後を想像しながら）左手を振り続けた。

その後、遮断機が上がって車が動き出し、一旦は離ればなれになったものの、すぐに赤信号で追い付いて手を振り合い、途中で間にマイカーが入った時は「遠くなったから諦めるかな？」と思ったけれど、それでも手を振ってくれたのである。そんなことを繰り返しているうちに、私の中の〝マンネリ打破魂（なんじゃそりゃ？）〟が芽生えてしまい、彼女たちからの五～六回目の手振りに対し、左手で〝投げキッス〟をしたのである。すると、彼女たちの「キャー！」という声は聞こえなかったけれど、予想以上に激しい反応の後、全員が座席の陰に隠れてしまった。しかし、すぐに顔を出して再び手を振り始め……なぜか人数が五人に増えていた。あぁー、たまにはこういう楽しいことでもないと、やってられまへんでぇー。

駆け込み割増!?

あるバス停で乗降客扱いを終えて扉を閉め、すぐに発車したい気持ちをグッと抑えて乗客が着席するのを待っていた。その間に、バスへ向かって走ってくる女性が現れ、「まぁ、一人だけなら」と再び前扉を開けて女性を乗せた。その女性が着席する前に、今度はお爺さんがフリーパスで駆け込み乗車。その間に、目の前の信号は赤になってしまった。結局、予定よりも二分以上遅れて発車すると、すぐに「ピンポーン」と降車ブザーが鳴り、「ご乗車ありがとうございました〜（以下略）」と言いながら〝乗客が一人も待っていない（＝通過できた）バス停〟で停まると、さっき乗ったばかりのお爺さんだけが降りていった……。こんなことは日常茶飯事である。

他の乗客が「別にいいんじゃない？」と思っているならば、私もそれで構わないのだが、その一方で〝一〜二分遅れただけで文句を言う乗客がいる〟というのも事実だし。もしも、多くの乗客が「そんな駆け込みは〝迷惑乗車〟だ！」と言うならば、思い切って〝駆け込み割増〟を導入してはどうだろう？　バスが定刻またはそれ以後に扉を閉めた後、駆け込み乗車をする人のために再び扉を開けた場合、〝一秒毎に十円の割増運賃〟が発生するというものである。もちろん、定期券やフリーパスなどでも、その割増分だけは支払わなければならないので、「お金を余計に払うくらいなら、次のバスを待つかぁ」となるはずである。が、そんな制度を実際に導入したら、駆け込み乗車のフリをしておきながら、前扉の外で「次のバスに乗るもぉーん！」と言いながら舌を出す人が現れるだろうなぁ。

○○高校との位置関係

営業所前ターミナルで乗ったおばさんが「○○高校、行きますか？」と言ったので、私は「はい、行きますよ」と答えた。発車してから約十分、△△停で停まって乗降客扱いを始めたところ、さっきのおばさんがやって来て、いきなり「ここで降りなきゃ駄目？」と言った。私が「えっ？　誰も何も言ってないけど」と驚きながら「いいえ、二つ先に○○高校というバス停がありますけど」と言ったところで、おばさんは「じゃあ、いいです」と言って席に戻っていった。私が「学生さんはここで降りていきますけどね」と言う前に。

ざっくりと説明すると〝正方形の左上角が△△停、南へ進んだ左下角に次のバス停、そこから東へ進んだ右下角が○○高校停、バスを降りて北へ行った右上角が○○高校〟という位置関係になっていて、△△停で降りて歩き始めた方が早く着くだろうと思うのだが、私は両バス停から○○高校までの正確な距離を知らないし。地図で高校の敷地までの距離が分かったとしても、門がどこにあるのか知らないし。職員室がどこにあるのか、保健室がどこにあるのか、女子更衣室がどこにあるのか、防犯カメラがどこにあるのか……（こら！　オマエは何しに行こうと思っとるんだ？）。

男の夢について語り合う

まだまだ明るい夏の午後七時前、終点・某運動場に到着した。降車客扱い後、転回場へ移動を開始。その時、〝バス停表示送りボタン〟を押して、運行支援システムの画面を〝次発転回（次に転回場を出るまでの残り時間が表示され、一分前になったら音声で教えてくれる)〟に切り替え、「次の発車まで三十分以上あるから、冷房の効いた休憩室でテレビでも見るかぁ」と思いながら道路側の待機スペースにバスを停めた。

その時! 自転車に跨った男の子がフェンス(金網)の向こう側から私の顔をジッと見ていることに気が付いたので、私は運転席の窓を開けて「バスが好きなの?」と声を掛けた。すると、彼が「うん」と頷いたので、「運転士になりたいの?」と尋ねたら、彼は再び「うん」と頷いた。そこで「もっと何か話さなきゃいけないかなぁ?」と思った私は休憩室へ行くことを諦め、「バスの運転士かぁ、意外と大変だよ。楽しいこともあるけどね」とか「バスが大きいから、時々ぶつけたりするんだよ」とか。いろいろと思い出しながら話し始めた。

その後、気持ちが和らいだのか、彼の方から「運転士さんは何年目?」とか「休憩は何分あるの?」とか「何回くらい走るの?」とか「バスも故障したりするの?」とか「(研修中ではなく)検証中ってバスが走っていたけど、あれは何?」など次々と質問されたので、私はそれに答えていた。二十分くらい経った頃、彼から「今、何時?」と聞かれたので、私が「あっ、もう七時を過ぎちゃった。ごめんね、引き止めちゃって」と言ったら、彼は「いえ、大丈夫です」と言いながら走り去っ……と思ったら、すぐに戻って来た。

そして「行き先表示は、どうやって変えてるの？」と言ったので、私は〝バス停表示送りボタン〟を押して、次の運行である〝某総合駅行き〟という表示を出して見せた。さらに彼が「今は画面の表示（某運動場）が赤くなっている（発車時刻前）でしょ？　その時は警告音が鳴るんでしょ？」と言ったので、私は扉開閉レバーを操作して、実際に「チャカチャカ！　チャカチャカ！」という警告音を鳴らして聞かせた。すると、彼は「それが聞きたかったんだぁ」と満足そうに言いながら走り去ったのだった。

その直後、左隣のスペースにバスが入ってきて、その運転士さんと〝職場環境問題〟について「あーだ」「こーだ」と話すことになった。数分後、私が「ん？　まさか、もう発車時刻だったりして⁉　まぁ、まだ運行支援システムが〝一分前です〟って言ってないから大丈夫だと思うけど」と呟きながら画面を見たところ、「あれ？　もう転回場を出る時間じゃん！　そうか！　さっき男の子に見せようと、画面を変えちゃったんだっけ！（だから〝一分前です〟とは言わないのだ）」と驚き&慌てて出撃、バス停には乗客二名、発車時刻二十秒前であった。ふぅ。

健康診断のちストレス面談

ある休日の午後の情景。まずは通常の健康診断を受け、続いて問診コーナーで※※バス担当の保健師と面談をして、最後に産業医と〝ストレスに関する面談〟をすることになっていた（その年のストレスチェックで〝高ストレス状態〟という結果が出ていたからである）。たまに気分が悪くなることがある採血も問題なく、健康診断はアッサリと終了した。まず女性保健師とセクハラギリギリのお喋りタイム……いや、真面目な面談を開始した。まずは私が「勤務の日はもちろん、休みの日でも朝早く目が覚めてしまうようになって、マイカーとの接触事故を起こした時もそうだったけれど、常に眠い状態が続いている（ちなみに、私は睡眠時無呼吸症候群ではない）」などと近況を話した後、「どういうところでストレスを感じるのか?」と聞かれたので、〝自転車との接触事故〟についても話し、「その他は些細なことばかりですが、それらの積み重ねだと思います」と前置きをしてから、車内の話、車外の話、営業所内の話などなど、「カチン！」とか「なにぃ⁉」と感じる場面を思い浮かべながら喋り続けた。さらに〝自転車と接触した事故の後に、一度は辞めると言ったけれど、その翌日には撤回した〟という話をして、「その後は〝いつでも辞めてやる〟と開き直り、それで気が楽になったのか、休みの日に朝早く目覚めることが減り、常に眠いというほどではなくなった」と続けた。

その後、健康診断会場の奥にある〝密室〟で、いよいよ女性保健師と産業医と私の三人でムフフ……と思っていたら、産業医は男性であった。ガッチョーン！（当り前だろ！そこで産業医まで女性だったら危険すぎるわぃ！）一気にテンションが下がりながらも、私は先ほどの話を繰り返し、加えて、父は他界・母は施設・私は独身・住居買い戻しの借金完済などなど、会社に対して開き直れた理由を話した。すると、産業医から「今の開き直った状態をキープして頑張って下さい」と言われたので、私は「えっ？　開き直った状態のまま？　ただでさえ言うことを聞かない運転士なのに、きっと上司は煙たがっていると思いますよ」と言った。すると、産業医が「松井さんの話を聞いていると、分かりやすいというか、裏表がないようなので、上司も分かっていると思いますよ」と言ったので、私は「分かりやすい……ですか？　あぁ、そうそう、よく騙されやすいとも言われるんですよ」と言ってから、〝大学の先輩に騙されて某宗教団体に入れられそうになった話〟をして、「もしも抜け出さなかったら〝合同結婚式〟に参加できたかもしれないのに！というのがオチなんですけどね」と言い、三人で笑ったのだった。

この職場で何を体験？

ある日の午前九時過ぎ、営業所前ターミナルに到着。次の発車まで二十分以上もあったので、営業所の休憩室に入ったところ、〝スポーツウェア・ミックスダブルス〟がいたので驚いたのだが、すぐに「あぁ、中学生の職場体験学習かぁ」と分かった。その時の休憩室には、中学生二人の他に、上司が一人と運転士さんが二人いて、テレビの音声だけが聞こえている状態だった。「せっかく来てもらっているのだから、この沈黙はもったいないなぁ」と思った私は、中学生に「何か聞きたいことない？」と話し掛けたのだが、「何もありません」と〝間髪を入れず返答〟されてしまったので、「えっ？　いろいろと聞くために来ているんじゃないの？」と不思議に思いながら「残念だなぁ、今だったら、裏の話とかすべて話しちゃうんだけどなぁ」と呟いたのだった。

それから私は二人の運転士さんを巻き込みながら、中学生にいろいろと質問したりして、何とか会話を続けた。私は知らなかったのだが、この〝職場体験学習〟というのは、学校側が予めいくつかの職場（職業）を指定しておき、それに対して生徒たちが希望を伝える。希望者多数の職場（某アイスクリーム屋さんなど）についてはジャンケンで決めたらしい。で、で、で、ここにいる二人は「負け組」だと聞いて、さっきの〝即答〟に納得した私であった。ちなみに、本当は三人だったのだが、一人は急病（仮病？）で欠席したそうだ。

その後、発車時刻が近付いた私は「それじゃ、行ってきます」と言って（中学生からも「行ってらっしゃい」と言われながら）休憩室を出て、某港へ向かった。約二時間後、営業所で昼食タイムとなっていた私は、とりあえず休憩室へ行った。すると、先ほどの中学生が〝次の体験に呼ばれるのを待っているところ〟だったので、「おっ、まだいた！」と声を掛け、再び会話をしようと思ったのだが、そこに〝体験学習担当の上司〟が現れ、二人を連れ去ってしまったのだった。ガッカリ。

その職場体験学習は四日間も行われたらしい。毎日、午前九時から午後二時まで、昼食タイムの一時間を除いた四時間。つまり、合計十六時間もの学習？　うーむ、ウチの場合、そんなにやることがあるのかなぁ？　せめて〝自分でバスを動かしてみる〟くらいのことをやらないと、永遠に〝ジャンケン負け組〟の不人気職場だよなぁ。そうそう、ある運転士さんが「某警察署での体験学習グループがバスに乗っていた」と言っていたのだが、警察署での体験学習ともなれば、ウチと違って楽しそうだなぁ。ま、さすがに拳銃を撃たせてもらえることはないだろうが、パトカーには乗せてもらえるのかなぁー、手錠を掛けたりするのかなぁー、警察官の制服を試着したりするのかなぁー、痴漢を逮捕する寸劇とかやるのかなぁー、その時は私を犯人役で使ってくれないかなぁー（女性警察官を触った瞬間、マジ逮捕だな。ハハハ）。

車内チェックを忘れた責任？

ある日、ある運転士さんが〝終点での車内チェック〟を忘れた時のこと。その後、あるお婆さんから「バスに財布を忘れた」と営業所へ電話があったのだが、財布は見つからなかったそうで、その運転士さんは、上司から「もしも財布が出てこなかったら弁償しろよ！」と怒られたらしい（そりゃまぁ、車内チェックを忘れたのは悪いけど、だからといって〝すべて運転士の責任〟のように言われてしまうのはどうなんだろうか）。結局、そのお婆さんからは、二度と電話がかかってこなかったそうだ。財布がポケットに入っていたのか、自宅のトイレにあったのか、他の場所で拾われて警察に届けられていたのか。まぁ、とにかく、その運転士さんはホッとしたことだろう。忘れ物に関しては〝基本的には本人の責任〟だと思うのだが。もしも、上司から言われた通りに運転士が〝あるかないか分からない財布＆中身〟を弁償していたならば、あっと言う間に「バスに忘れたと言えば、何でも手に入るぞ！」という噂が広まったに違いない。すると、〝過剰な欲望を持った人たち〟から次々に電話が入り、営業所内では呼び出し音が鳴りっ放しに。「バスに金の延べ棒を忘れた（そんなものを持ち歩くのか？）」とか「バスの中で仮装通貨を落とした（そんなわきゃねぇだろ！）」とか何とか……。よぉ〜し！　そうなったら私も乗客のフリをして「バスに綺麗なお姉さんを忘れた」って電話しちゃおうかな。

安全確認ゲーム!?

「本日、○○市の△△学校では、交通ルール遵守の大切さを学んでもらうため、スタントマンが事故現場を再現して見せる交通安全教室が開かれました」というようなニュースをテレビで見るたびに、「某営業所内にある簡易教習コース（私も〝デキの悪い運転士のための研修〟で走ったことがある）を使って、〝安全確認ゲーム〟をやったら面白いのになぁ」と思っている。それは、教習コースのあちらこちらに大きな障害物を置いて多くの死角を作り、運転士が一人ずつ順番に交通ルールを守りながら、指定されたコースを走るだけなのだが。その間、歩行者や自転車乗りに扮した数人のスタントマンたちが、〝バスのボディーを叩く〟ため、様々な角度からバスに接近するのである。運転士が接近するスタントマンに気付き、ボディーを叩かれる前に停止すればポイントをプラス、停止する前にボディーを叩かれたらポイントをマイナスするのである。ん？　スタントマンを使うなんて経費が掛かるから駄目？　それならば、会社の上の方の人たちがスタントマンの代わりをやってくれれば、参加希望者が殺到！　運転士の大半がボディーを叩かれても知らん顔して、次々と上の方の人を轢いちゃったりしてね（アホかぁー、一人が轢かれた時点で中止だろ！）。

ハチやチョウの舞い踊り？

秋が深まりつつあったある日、いつものように運転席の窓を少し開けて走っていたら、信号待ちの時に「ブゥーーーン」という〝危険な音〟が聞こえてきたので、私は前を見たまま「ピシャッ」と窓を閉めた。そう、危うく〝大きなハチ（多分、スズメバチ）〟が入ってくるところだったのだ。そんなことは滅多にないのだが、なんと、その日だけで二度もあったのである。また、営業所前ターミナルを発車する直前には、前扉から一匹の小さなチョウが入ってきて運賃箱にとまった。私は何となくそのまま発車した。数分後、蝶が運転席の周りを飛び始めたと思ったら、なんと、私の眉間（メガネの真ん中）にとまったのである。ちょっと目障りだったけれど、何となくそのまま走行していたら、しばらくして、開けてあった窓から出ていったのだった。実は、その日は私の誕生日だった。ひょっとすると、虫たちがお祝いにやって来たのかも⁉　なんちゃってー。そういえば、昔、そんな歌があったような。いや、あれは誕生日会じゃなくて結婚式の歌だっけ？（あぁー、虫たちが「さっさとキスせんかぁ！」って言う歌だろ？　それはそうと、やっぱりハチは招待客じゃなくて刺客だろうな。ハハハ）

運休、待機、運行再開

九月某日、午前十一時過ぎに始業点呼を受けた時、上司から「台風が接近しているので、途中で〝運休〟の緊急メールが入るかもしれません。その場合は、次のバス停で停まって内容を確認してから終点まで運行して下さい。その後、回送で営業所へ戻って待機して下さい。出先の転回場やターミナル等にいた場合も、回送で営業所へ戻って待機して下さい」と言われた。それから二時間くらいは「雨もたいしたことないし、風だって春一番の方が強いくらいだよなぁ」と思っていたのだが、午後二時半頃に〝一時間に一本しかない路線〟を走り始めた頃から風雨が強くなってきた。途中のバス停で〝唯一の乗客〟が降りると同時に乗った女性が、な、な、なんと、テニススクール仲間の一人だったので驚いた。実は、そのお母さん、普段は自転車通勤で、雨などの時にしかバスに乗らないのである。

私も、その路線を走る機会は少なく、まさに奇跡の出会いであった。なんちゃってー。

さて、午後三時過ぎに終点・某駅へ到着した。休憩室のテレビで台風情報をチェックしたが、「現在に至るまで運休の連絡はないし、もう雨もほとんど降っていないし、今回も運休にはならないだろうなぁ」と思っていた。午後三時二十分発の☆☆駅行きが出た後、私は午後三時二十三分に〝営業所前ターミナル行き〟として某駅を発車した。それから数分後、聞き慣れない警告音と共に車載無線機が緊急メールを受信したので、「えっ⁉ これから運休なのか？　ま、私は営業所前ターミナルへ向かっているところだから、ちょうどいいけれど、さっきの☆☆駅へ向かった運転士さんは逆方向だから大変だなぁ」と思った（その後の信号待ちでメールを開いたところ、やはり「運休」の連絡であった）。

終点・営業所前ターミナルに到着した後、指示された場所にバスを停め、営業所の休憩室へ行ってみると、そこでは大勢のオッサン運転士が待機中で、実に、むさ苦しい風景（オマエも、その中の一人だろうがぁ！）。みんなは今日の運行状況やら乗客の動向やら何やらについて〝ワイワイだがやだがや〟と喋っていた。そんな会話の中から「こんな日でも、大勢のお婆さんがバスに乗ってきた」という声が聞こえてきたので驚いた。こんな日に、なぜ、お婆さんたちは出歩くのか？　天気予報を見ていないのか？　見ても忘れてしまうのか？　午前中に外を見て「なにぃ!?　雨も降っとらんがね！」と呟きながら出掛けてしまったのだろうか？　ホントにもう、しょうがねぇなぁ～。

午後五時過ぎ、休憩室に上司Aが現れて「17時30分から運行再開する方向で検討中らしいので準備をして下さい」と言い、その直後、上司Aが運転士Bさんに対して「すぐに某港まで回送で行ってくれ」と言っていたので、私は「Bさんは、某港の発車時刻が17時30分ちょっと過ぎなのか!?　大変だなぁ。それにしても、今から回送で行ったところで、間に合わないいんじゃないのか？」と思った。その後、上司Cが「全員、点呼場に集合して下さい」と言ったので、みんなは点呼場へ移動した。そこで改めて「17時30分に運行再開」という指示を受けたのだが、たまたま隣に立っていた運転士Bさんの運転カードを見て驚いた。なんと、某港を〝17時28分発〟だったからである。

私の運転カードには〝某駅を17時25分に発車〟という運行が含まれていたのだが、「17

時30分に運行再開ということは、それより後の18時01分の営業所前ターミナル発・某駅行きからの再開でいいんだ」と思っていたのに、運転士Bさんの発車時刻を見たので不安になってしまった。その時、上司Dが「自分の運行再開が分からない人、いますか？」と言っていたので、私は自分の運転カードを見せた。すると、「某駅へ回送して！」と即答されたので驚いた。が、「まぁ、すぐに出発すれば、発車時刻から五分以内の遅れで某駅を発車できるだろう」と思って自分が乗っていたバスのところへ向かった。しかし、ほとんど全てのバスが営業所内に停まっていて鮨詰め状態。とても〝すぐに出発できる〟状態ではなかったのである。

私のバスが動けないまま時だけが流れていく。17時10分、17時15分、17時20分……。「これでも某駅まで回送して、17時25分発を走れって言うのかよぉー。ま、いいんだけどね。言われた通り、某駅まで回送して、二十〜三十分遅れで発車して、その後の運行も十〜二十分遅れのまま、休憩なしで走り続ければいいんだろ？　ふんっ！」と思っていたら、たまたま通りかかった上司Eから「このバスは何分発？」と聞かれたので、私は「これ、行けって言われたんですけど、絶対に間に合いませんよ」と言いながら運転カードを見せた。

すると、「これ、行かなくてもいいと思うんだけど、もう一度、他の上司に聞いてみたら？」と言われたのだが、私は「いや、後でゴチャゴチャするのはご免だから、私に〝行け〟と言った上司Dに聞いてきます」と答え、上司たちがいる点呼場へ行った。ところが、先ほどの上司Dが他の上司たちに囲まれて一心不乱に何かを書いていたので、「上司Dさん、忙しそうですね」と呟いたところ、上司Fから「どうした？」と声を掛けられたので、「これ、もう間に合わないんですけど」と言いながら運転カードを見せた。すると、「17時30分から運行再開だから行かなくていいよ。その次の18時01分の営業所前ターミナル発からで」と言われたのだった。

その後、私は営業所前ターミナルを18時01分に発車するため、営業所の敷地内からターミナルの待機場所へ移動して、発車時刻になるのを待っていた。その時、隣の待機場所に停まっていたバスの運転士Gさんと話をしたのだが、実は、運転士Gさんは〝17時33分に○○駅を発車〟となっていたのだが、上司に相談することなく自分の判断で〝その次の営業所前ターミナルを18時00分発の○○駅行き〟から再開することにしたそうで、「松井さん、上司に聞くから駄目なんだってぇー。そうなること、分かっとるでしょー」と言われてしまったのだった。さらに、運転士Gさんは「〝17時30分に運行再開〟という指示を〝17時30分という発車時刻に間に合うように営業所を出ろ〟と解釈するのは間違いだ」と言っていた。なぜならば、あちらこちらから発車しなければならないのに、すべてのバスが営業所で待機していることを考えると、〝17時30分になったらバスが営業所を出発〟と解釈するのが自然だからである。

ちなみに、私が心配していた☆☆駅へ向かった運転士Hさんは「運行再開まで☆☆駅で待機していた」そうだ。そこでは、他営業所のバスも何台か待機していたそうで、私は「そりゃそうだよなぁ。安全に待機できる場所があるのに、暴風雨の中、わざわざ危険を冒して営業所まで移動する必要はないもんなぁ。そりゃ正解！」と思った。結局、私が入社当初に感じたこと、これは運転士Gさんも言っていたことと同じで、「会社や上司の言うことを鵜呑みにせず、何事も常に自分で判断する！」ということを肝に銘じておいた方が良いと、改めて思い知らされた〝台風最接近の日〟であった。

虫へんに我と書く

ある日の午後、終点・私鉄某駅で車内チェックをした時のこと。二人掛けの座席の中央に一匹の蛾（体長七〜八センチメートル、白黒の斑模様）がいたので、「ゲゲッ、こんなデカイ奴が、いつからここに？　どこからやって来た⁉　ひょっとして、昨夜からずっと車内のどこかに隠れていたのかなぁ？　乗客は何も言わなかったけれど、ここには誰も座らなかったんだろうなぁ」と思った。昼間の蛾は、ハエやゴキブリと違って〝すばしっこくない〟ので、サッと捕まえてパッと逃がすことが簡単にできる。と思うのだが、私には無理である。あの、素手でつかんだ時の〝フワッ〟というか〝ムニョッ〟というか、あの感触が苦手なのである。それならば帽子か何かを使って、とも思ったけれど、子供の頃に観ていた怪獣映画のせいで〝猛毒〟というイメージがある〝鱗粉〟が付いてしまうのが嫌なのでやめた。

そこで、カバンからコンビニのレジ袋を取り出して口を広げ、膨らんだ状態にして蛾の上から被せるように置き、袋と座席の間に隙間ができないように注意しながら徐々に袋の口をすぼめ、驚いた蛾が袋の中へ飛び込んだのを確認してから、袋の口を閉じて車外へ持ち出した。わずかな草と落ち葉がある場所で、袋の口を開けて逆さまにしたのだが、なかなか蛾が出て行かない。「なんで？」と思って袋の中を見たのだが、そこに蛾はいなかったのである。「あれ？　いつの間に出て行った？」と草や落ち葉の上を凝視した。しかし、蛾の姿は見当たらず、「まさか私のズボンか何かにとまってるのか？　それじゃあ、またバスの中へ逆戻りじゃんかぁ」とバタバタしてみたのだが蛾の気配はなく、私はモヤモヤ気分のままバスに戻った。そういえば、蛾という字は虫へんに我。あの蛾は私自身なのか？　まさか、あの瞬間、私と同化してしまったのか⁉　ゲゲッ、明日の朝起きたら羽が生えてたりして？　そうなったら、飛んで出勤しようっと！　そして、理不尽な上司や乗客には鱗粉攻撃じゃー。

あとがき

　ある日、乗務前半を終えて営業所へ戻った時、中途採用で入った新しい運転士さんが事務所の中を案内されているところだったのだが、なんと！　その人が私と同じ〝松井〟だと聞いた。その後、たまたま食堂で会った上司に「今度の新人さん、松井なんですってね。まさか〝この営業所に松井は二人もいらん！〟って……ことになるんですか？」と冗談を飛ばす私であった。それから二週間後のこと。私は〝午前九時から午後一時まで昼寝休憩〟の勤務だったので、九時半頃からマイカーの中でスマホをゴニョゴニョやってから「そろそろ寝るかぁ」と目を閉じてｚｚｚ……と落ちかけた時にスマホの呼び出し音が鳴った。画面を見ると発信元が営業所だったので、「何じゃ？　事故か何かあって、午後の勤務が変更になるのかな？」と思いながら出たところ、ある上司から「重要な話があるんだけど」と言われたので驚いた。私が「今、マイカーで寝るところだったので、すぐに着替えて事務所へ行きます」と言ったら、上司が「いや、いいよ。起きてからで」と言ったので、私は「それならば、十二時過ぎに行きます」と言って電話を切った。その後、「重要な話って何だろう？　今日は十三日、〝十六日付で誰かが異動させられる〟って噂が流れていたような……もしも転勤の話だったら会社を辞めようかなぁ～」などと考えながらｚｚ……一時間くらい寝たのだった。

予定通り十二時に起きて着替え、急いで事務所へと向かった。てっきり、そこにある応接コーナーで話をするのかと思ったら、「二階の会議室へ行こう」と言われて驚き、さらに、二階へ上っていく人間が、私を含めて何人もいたので驚いた。そして、営業所の上司三人と、本社の上司であるA氏とB氏、それと私の合計六人が会議室の片隅にあるテーブルを囲むように着席した（相手が女性ばかりの〝フィーリングカップル五対一〟だったら嬉しかったんだけどねぇ）。妙な空気を感じ取った私が「これは転勤の話ではなさそうだ」と思っていたら、本社のA氏から「今後、業務に関する話を一切ブログに書いてはいけない」と言われたので驚いた。その理由として、「最近、コンビニや飲食店における不適切動画に対する批判が多発している」とか、「松井くんのブログは、一応、伏せ字になっているけど、分かる人もいるよね」とか、「それを読んで不快に思う人がいるかもしれない」とか、「今のところ、実際に苦情などは入っていないけれど、今後は入るかもしれない」

とか、「だから、これからは自分の趣味などを書くようにしてくれ」と言われた。

当然、私は「一般の人々にバス運転士という仕事を理解してもらうため」とか、「バス運転士になろうと思っている人の参考になれば」とか、「バス運転士になったばかりで、まだまだ不安な人を安心させるため」とか、「〝少しは役に立っている〟という自負がある」と言った。さらに「見た人のほとんどが不快に思うような不適切動画と一緒にされても納得がいかない」と、珍しく熱くなってしまったのだが、一呼吸おいてみて、そのA氏は〝ただの伝書鳩〟にすぎないと気が付き、「ここで私が何を言っても仕方がないんでしょ？　上の人間から〝やめさせろ〟と言われて来ただけなんでしょ？　私の言い分を持ち帰って検討するわけじゃないんでしょ？」と言ったところ、A氏は「話は聞くから」と言った。それに対して私が「聞くだけじゃ意味がない。検討しないんでしょ？　〝やめさせる〟って決定事項なんでしょ？」と念を押すと、A氏は「そうだ」と頷いた。「もう何を言っても無駄だ」と悟った私の中では「会社を辞めるか否か」という問題に発展した。

最後に私が「とりあえず、今月いっぱいは（仕事を）続けます」と言ったら、A氏が「いや、すぐにやめてもらわないと困る」と言ったので、私は「仕事の話ですよ」と笑ったのだった。

実は私、その一年くらい前から、単なる老化現象なのか、更年期障害なのか、認知症の前兆なのか分からないけれど、〝一つのことに意識が集中してしまい、それが長引くようになった〟＆〝バスやマイカーの運転中にキレやすくなった〟と自覚するようになっていた。それでも、「まぁ、何とかやれているんだし、定年退職まで頑張ってブログを続けたいし」と自分に言い聞かせながら（自分を騙しながら？）仕事を続けてきたのだが……今回、ちょっと大袈裟な言い方をすれば〝一つの生き甲斐〟を奪われてしまったことで、改めて「この仕事を続ける意味があるのだろうか？」と自分に問いかけ、最終的には〝このまま仕事を続けた場合の最悪の状況〟と〝この仕事を辞めた場合の最悪の状況〟を想像＆比較し、「どちらの場合に後悔の念が強く残るか？」を考えて結論を出した。

最後に……。「ブログに書くな」と言われてから乗務を終了するまでの間、多くの上司や運転士さんから声をかけていただき、本当にありがたいことだと思っています。私の気持ちが、前回のような〝結論が出ていない状態で約束の時間を迎え、電話に出た上司につ

い「辞めます」と言っちゃった〟程度だったならば、「やっぱり続けるかぁ！」となると
ころですが、今回はそうなりませんでした。とりあえず、バス運転士としての気持ちを一
度リセットして……再びバス運転士をヤル気になったら〝会社説明会〟から入りますので、
その時はよろしくお願いします。今は後輩の先輩！

〈著者紹介〉

松井昌司（まつい まさし）

1963年、愛知県岡崎市に生まれる。“だがや”の小学校時代、給食の残りを食べ尽くす係に任命されて太る。中学校時代、軟式庭球部に入って痩せる。高校時代、無口な男を演じようとするも、すぐにボロが出て失敗に終わる。長野の大学時代、軟式庭球部内で小冊子を発行するも、上級生の圧力により廃刊となる。専門学校時代、服飾デザイン画を描くも、先生から「奇抜すぎる」と呆れられる。その後、長野の出版社と“だがや”のバス会社を経て、今頃はどこで何を……？？？

バス運転士《うんてんし》の後《うし》ろ姿《すがた》

2020年4月28日　第1刷発行

著　者　　松井昌司
発行人　　久保田貴幸

発行元　　株式会社 幻冬舎メディアコンサルティング
〒151-0051　東京都渋谷区千駄ヶ谷4-9-7
電話　03-5411-6440（編集）

発売元　　株式会社 幻冬舎
〒151-0051　東京都渋谷区千駄ヶ谷4-9-7
電話　03-5411-6222（営業）

印刷・製本　シナジーコミュニケーションズ株式会社
装　丁　　とねこ

検印廃止

Printed in Japan
ISBN 978-4-344-92782-7 C0095
幻冬舎メディアコンサルティングHP
http://www.gentosha-mc.com/